BIBLIOTECA MONUMENTA : 4

HINOS A AURORA

ऋग्वेद

RIG VEDA

Hinos a Aurora

Introdução, tradução, notas e comentários
Caio Geraldes
José Marcos Macedo
Thiago Mendes Venturott

MNĒMA

Título original: ऋग्वेद्

Editor	Marcelo Azevedo
Diretor	Alexandre Hasegawa
Produção editorial	Felipe Campos
Direção de arte	Jonas de Azevedo
Projeto gráfico e capa	Marcelo Girard
Revisão técnica	Johnny Dotta
Revisão final	Felipe Campos
Diagramação	Caio Geraldes

Dados Internacionais de Catalogação na Publicação (CIP)
(Câmara Brasileira do Livro, SP, Brasil)

Rig Veda
Hinos a Aurora / Rig Veda ; introdução, tradução, notas e comentários de José Marcos Macedo, Caio Geraldes, Thiago Venturott. -- Araçoiaba da Serra, SP : Editora Mnēma, 2023. -- (Biblioteca monumenta ; 4)

Bibliografia
ISBN 978-65-85066-08-2

1. Hinduísmo - Livros sagrados 2. Vedas I. Macedo, José Marcos. II. Geraldes, Caio. III. Venturott, Thiago. IV. Título. V. Série.

23-175894 CDD-294.5921

Índices para catálogo sistemático:
1. Vedas : Antologia : Hinduísmo 294.5921
Eliane de Freitas Leite - Bibliotecária - CRB 8/8415

Editora Mnēma
Alameda Antares, 45
Condomínio Lago Azul – Bairro Barreiro

CEP 18190-000 – Araçoiaba da Serra – São Paulo
www.editoramnema.com.br

Sumário

Introdução

1. O RIG VEDA

A tradição da literatura religiosa indiana tem no Rig Veda (também grafado Rigveda ou Ṛgveda) o seu documento mais antigo. O Rig Veda é uma coleção de 1028 hinos compostos em sânscrito védico.[1] Ele integra os chamados Vedas ao lado de três outras coleções, o Atharva Veda, o Yajur Veda e o Sāma Veda, que contêm respectivamente preces e feitiços, liturgias do rito védico e versões musicadas dos hinos do Rig Veda. Cada uma dessas coleções possui a sua própria tradição exegética nos chamados Brāhmaṇas, Āraṇyakas e Upaniṣads.[2]

O Rig Veda é um universo em si, algo fácil de imaginar em uma coletânea tão vasta, cuja composição e compilação atravessou vários séculos. As configurações sociais, políticas e culturais que a viram nascer são muitas vezes opacas e perdem-se no tempo. Felizmente, tanto os hinos em si quanto os *anukramaṇī*, índices compilados por organizadores antigos, nos ajudam a compreender a estrutura da coleção bem como detalhes de sua composição e história.

1 O nome védico, ou sânscrito védico, refere-se à variante linguística da língua sânscrita em que as coletâneas de hinos, preces, liturgias e canções dos Vedas estão atestadas. Há diferenças significativas entre o sânscrito "clássico" e a língua desses textos, já evidenciadas na antiguidade por alguns "erros" e reinterpretações de autores sânscritos posteriores que comentaram o Rig Veda, como Yāska em seu Nirukta ou o autor da Bṛhaddevatā (atribuída a Śaunaka). Estruturalmente, ambas as línguas divergem em alguns aspectos fonológicos, morfológicos e sintáticos, com diferenças mais marcadas do que aquelas atestadas entre o grego clássico e o grego homérico.

2 Para uma tradução em português das doze Upaniṣads mais antigas, cf. Apriglianoo (2020). Sobre as demais literaturas exegéticas dos Vedas, cf. Olivelle (1998).

1.1. A coletânea

Coletâneas de textos podem ser feitas de diversas maneiras, seja por meio de uma simples compilação desordenada de textos ou por meio de critérios cronológicos, temáticos ou formais. A coletânea do Rig Veda que chegou até nós foi notoriamente organizada desde muito cedo por meio de critérios formais, mesclados a outros, de caráter extratextual.

A primeira divisão refere-se às dez maṇḍalas (literalmente "círculos", mas coloquialmente chamados "livros"). As maṇḍalas dividem de maneira desigual os hinos e seguem critérios extratextuais e quantitativos. O núcleo da coletânea consiste nas maṇḍalas 2 a 7, conhecidas como "livros de família" ou "familiares". Cada um contém hinos produzidos por um clã ou família de bardos ou poetas (*ṛṣis*), organizados, a princípio, segundo a ordem crescente do número de hinos contidos em cada um: livro 2 dos Gṛtsamada (43 hinos), livro 3 de Viśvāmitra Gāthina e seus familiares (62), livro 4 dos Vāmadeva (58), livro 5 de Atri e seus descendentes, os Ātreya (87), livro 6 dos Bharadvāja (75) e livro 7 de Vasiṣṭha Maitrāvaruṇi e familiares (104). O leitor atento terá notado que a ordem não é rigorosamente crescente, mas as irregularidades parecem indicar processos de reorganização e ressegmentação dos poemas, realizados após a organização original da coletânea: os responsáveis pela transmissão da coletânea devem em algum momento ter decidido juntar hinos contíguos ou dividi-los em dois ou mais, adicionando assim material a certos livros ou retirando-o; na pior das hipóteses, podem ter se confundido na divisão do conjunto. A estrutura interna dos livros familiares é bastante sólida: dentro de cada maṇḍala, os hinos são ordenados primeiro pelas divindades endereçadas (Agni, Indra e em seguida os demais deuses), organizadas entre si em ordem decrescente do número de hinos. Dentro de cada bloco de divindades, os hinos com mais estrofes ocorrem primeiro e, em caso de empate, o hino composto com um metro mais longo em número de sílabas antecede o outro.

Um sétimo livro "familiar" segue o bloco canônico dos livros de família. A oitava maṇḍala contém hinos de duas famílias de poetas, os Kāṇva (1–48 e 60–66) e os Āṅgiras (67–103), separados por uma série de hinos conhecida por Vālakhilya (49–59), inseridos posteriormente, mas cuja inserção parece ter ocorrido muito cedo na história da coletânea. Existem casos de atribuição incerta de autoria, e as duas famílias principais por vezes se confundem. No mais, a organização é menos fixa do que nos livros familiares (Indra, por exemplo, precede Agni), preponderam metros estróficos em dísticos e tercetos (*pragāthas* e *tṛcas*), associados às partes do ritual com recitação cantada pelos sacerdotes *udgātar*, e os hinos parecem ser internamente menos organizados que os de outras maṇḍalas.

A maṇḍala 1, inaugural, não se acha associada a uma única família de compositores, embora muitos hinos sejam atribuídos a figuras relacionadas aos Kāṇva (livro 8). Costuma-se dividi-la em dois blocos, 1–50 e 51–191. No primeiro, preponderam hinos em metro *gāyatrī*, organizados em dísticos (ou *pragāthas*), divididos entre seis poetas; a qualidade dos hinos é considerada inferior em relação ao resto da coletânea, o que levou alguns críticos a considerar o bloco uma adição posterior. Os hinos do segundo bloco são mais complexos e estão organizados por autoria; os autores sucedem-se em ordem decrescente no número de hinos. De resto, vigoram as mesmas regras gerais de organização dos livros familiares.

Já a maṇḍala 9 contém 114 hinos dedicados exclusivamente a Soma Pavamāna (Soma Auto-purificador), figura deificada da bebida ritual chamada "soma". Os poemas versam apenas e tão somente sobre uma parte da preparação de tal bebida: a filtragem em lã do caldo de *soma* já espremido. Os hinos parecem ter sido retirados, em parte, de outras maṇḍalas, de modo que os demais hinos dedicados a Soma nas outras nove maṇḍalas não se preocupam com esse passo da filtragem do líquido sagrado. A organização geral é mais simples: metro e extensão, em ordem decrescente.

Por fim, a maṇḍala 10 é a mais heterogênea e contém o material cronológico mais recente da coletânea. Inclui hinos para ritos externos ao ritual (núpcias, velórios), hinos "especulativos" e "cosmológicos", hinos a divindades menores, bem como imprecações e encantamentos, além de outras curiosidades (como o hino do diálogo entre a cadela divina Saramā e os Paṇi, 10.108). A primeira metade (até o hino 85) em nada destoa dos demais livros.

1.2. Data e local

A datação do Rig Veda é incerta. Dispomos de dois instrumentos principais para datá-lo: a cultura material e a informação extratextual transmitida nos *anukramaṇī*, ou índices, que acompanham as versões escritas do documento. É notório que não há sequer uma única referência a utensílios de ferro no *corpus*, o que indica que ele já se achava estabelecido por volta de 1200–1000 AEC, período em que se começa a observar o uso do metal no subcontinente indiano. Acresce a isso o fato de que o Atharva Veda, a coleção de hinos mais próxima do Rig Veda em termos cronológicos, já possui menções a objetos de ferro. Por sua vez, os *anukramaṇī* mencionam cerca de seis gerações de lideranças políticas associadas aos hinos, de modo que se calcula que os poemas mais antigos devem ter sido compostos, no mínimo, por volta de 1400 AEC;[3] transcorreram, então, séculos de transmissão oral até a coleção ser registrada por escrito. Referências geográficas a rios e montanhas permitem estimar que os poemas foram concebidos inicialmente no noroeste do subcontinente, na região do Punjab, com os hinos mais recentes mencionando a região atual de Harianá.

1.3. O ritual

Imagina-se que a grande maioria dos hinos do Rig Veda era recitada ou cantada por ocasião de rituais religiosos, encomendados a um poeta ou família de poetas por um patrono também responsável pelo financiamento de outras partes do ritual (como os altares construídos para aquela ocasião e os cantores e oficiantes contratados para a execução de hinos e liturgias). Em meio aos temas mitológicos dos hinos, estão espalhadas menções ao ritual em si, de modo que a ocasião de performance destes poemas é parte integrante do seu sentido e de sua estrutura.

Ao que parece, o ritual já era um evento complexo no período da composição dos hinos, com partes dedicadas a divindades distintas, uso de parafernália e aparato arquitetônico específicos, além da divisão de tarefas entre vários sacerdotes. Havia rituais de cunho domés-

---

3 JAMISON & WITZEL (1992: 2, n. 2).

tico (*gṛhya*) e outros, de cunho comunitário e público (*śrauta*), que diferiam em complexidade e número de chamas acesas (uma para o *gṛhya*, três para o *śrauta*).

Boa parte da coleção do Rig Veda é dedicada a um conjunto de rituais específico, o sacrifício do *soma*, cerimônia em que os sacerdotes preparam, consagram e por fim oferecem aos deuses a bebida chamada *soma*, derivada de uma planta[4] desidratada, posteriormente hidratada com água e prensada para extrair um caldo amarelado, que por sua vez poderia ser misturado a água ou leite. Pelo que nos conta a literatura pós-rigvédica dos *śrauta sūtras*, esse evento poderia durar um dia inteiro, como no *agniṣṭoma* "glorificação de Agni (= Fogo)", ou estender-se por diversos dias, ao final dos quais era realizada a prensa do *soma* e sua oferta aos deuses em três momentos do dia (manhã, meio-dia, anoitecer), cada um dedicado a um conjunto distinto de divindades.

Seja como for, a base do ritual parece ter sido uma cerimônia de recepção aos deuses, com a oferenda de alimentos e bebidas, possivelmente também ofertados ao público. Há variações no ritual, mas em todas é preparada uma sede para as divindades na forma de um tapete ou leito de grama consagrada (*barhís*),[5] e, com frequência, os hinos entoados exortam a divindade para que venha ou narram a sua chegada em carruagens celestes. Para que os deuses compareçam ao ritual — e sobretudo ao ritual *presente*, não ao de qualquer outra pessoa —, é necessário que todos os aspectos do rito lhes sejam agradáveis e condizentes, e isto inclui os hinos. Assim, os hinos devem ser bem burilados poética e retoricamente, devem conter elogios a características e feitos sobre-humanos da divindade em questão, tudo inserido em uma

4 Não se sabe exatamente qual planta era utilizada na preparação do *soma*, e é possível que, em épocas diversas, diversas plantas tenham sido utilizadas no ritual. Também é possível que cogumelos (ou, segundo outros, mel) tenham servido de base à bebida. Atualmente, alguns círculos bramânicos do sul da Índia ainda realizam rituais com *soma*, e para tanto utilizam a planta *Cynanchum acidum*. Além disso, outras tradições literárias religiosas indo-iranianas relatam o uso de uma bebida de nome correlato: o avesta *haoma* (e.g., Yasna 9.22) e o persa antigo *hauma* (e.g., DNa 25: *Sakā haumavargā* "os citas bebedores de *hauma*").

5 Cognato do avesta *barziš* "travesseiro, colchão".

estrutura e uma linguagem a um só tempo tradicional e inovadora, que se destaca pelo engenho e pela perfeição (por vezes, o próprio hino faz alusão à sua excelência poética, superior à de outros poetas). Hinos não raro incluem jogos de palavras e charadas destinadas tanto aos deuses quanto ao público presente na recitação. Uma vez convencidas as divindades a participar do ritual, estando elas presentes com suas qualidades inerentes, pede-se que concedam dádivas na forma de bens materiais e sucesso aos sacerdotes e financiadores do evento. As dádivas materiais incluem vacas, cavalos, riquezas e descendência, ao passo que vitória em batalhas e vida longa são pedidos imateriais comuns. Há também hinos em que a presença da divindade endereçada não é imprescindível: convoca-se o deus Agni, deificação do fogo ritual, como mensageiro responsável por transmitir as preces e levar os sacrifícios feitos pelos sacerdotes aos deuses, trazendo de volta as dádivas requisitadas.

1.4. A transmissão do texto

O processo de transmissão do Rig Veda depende em boa parte da interpretação dos poucos documentos a que temos acesso, todos de caráter conjectural. Do texto que nos chegou, pode-se inferir apenas que foi transmitido de maneira suficientemente sistemática para preservar uma ordenação intencional (divisão em livros, disposição segundo número decrescente de estrofes etc.); interferências intencionais ou resultantes de erro terão ocorrido ao longo dos séculos em que a compilação foi transmitida.

A consolidação da coletânea terá ocorrido por obra de pessoas com autoridade e distinção suficientes para definir um cânone e convencer as demais entidades interessadas nesse gênero literário a aceitá-lo. WITZEL (2003) propõe que a tribo dos Bhārata, e posteriormente o reino Kuru, teriam liderado esse processo de canonização por volta do fim do período rigvédico, valendo-se dele para, entre outros propósitos, consolidar sua legitimidade de poder através da unificação de práticas religiosas das tribos védicas. Independentemente de quem seja o responsável pela consolidação, fato é que o cânone parece ter descontinuado e jugulado a longa tradição de composição de hinos da mesma natureza. Dali em diante, a prática hínica rigvédica passa a ser objeto de simples repetição, e não mais de criação; como resultado, fixam-se também liturgia, performance e prática ritual.

Os primeiros documentos escritos atestados no subcontinente indiano, com exceção do ainda indecifrado sistema de escrita de Harapa (3500–1300 AEC), datam de aproximadamente 300 AEC, nas inscrições em *brahmi* produzidas durante o reinado de Aśoka, distando assim cerca de sete séculos do *terminus ante quem* que se supõe para a compilação do Rig Veda. Tudo indica que, nesse intervalo, a transmissão do texto tenha ocorrido oralmente, em locais de ensino dedicados à formação de membros do sacerdócio védico e pós-védico (culminando na casta bramânica de hoje). Indícios do processo de transmissão oral incluem testemunhos na literatura exegética védica (Brāhmaṇas, Āraṇyakas, Upaniṣads) e, na literatura pós-védica, em manuais destinados à formação de brâmanes, nobres e poetas. Essa transmissão oral deve ter gozado de exclusividade até por volta de 1000 EC, mas por conta, em parte, da dificuldade de preservação de manuscritos no clima úmido do subcontinente indiano, os manuscritos mais antigos aos quais temos acesso datam apenas de meados do século XV.

1.5. Os hinos

Estrutura formal e práticas editoriais

Os hinos do Rig Veda são poemas versificados e metrificados; dividem-se em estrofes que contêm, na maioria dos casos, de três a quatro versos, chamados *pādas*. A prática editorial comum é atribuir letras em ordem alfabética aos *pādas*: no caso de hinos cujas estrofes contêm quatro *pādas*, por exemplo, designam-se os *pādas* da primeira estrofe 1a, 1b, 1c e 1d; os da segunda, 2a, 2b, 2c e 2d, e assim por diante. Em geral, os *pādas* formam pares (p.ex., 1ab, 1cd = hemistíquios) que comportam uma unidade de sentido completa, ou ao menos uma oração inteira. As estrofes costumam formar um período sintático completo; os *enjambements* são muito mais comuns dentro destes pares. Ou seja, a sintaxe das orações circunscreve-se, em geral, aos limites oferecidos pelos versos.

As estrofes raramente se alinhavam sintaticamente ou desenvolvem diretamente o tema uma da outra, não havendo, em geral, uma narrativa contínua que as perpasse. O elo entre as estrofes e a coesão entre os temas são fornecidos sobretudo por repetições vocabulares ou fraseológicas, que criam sentido pela semelhança e diferença dos vocábulos em um dado contexto. Seções temáticas também costumam ganhar em coesão por contarem com balizas formais, muitas delas traduzidas em repetições vocabulares, sonoras ou semânticas. Formam-se assim, por vezes, claras construções em anel, nas quais conjuntos estróficos de tema comum têm suas fronteiras demarcadas por termos ou sintagmas (idênticos ou não) que figuram no início e no fim da seção.

Uma versão particular desse tipo de estruturação dos hinos é a construção em "ônfalo" (do grego ὀμφαλός "umbigo"). Nela, as estrofes centrais de seções e hinos inteiros contêm a parte mais relevante, em termos temáticos, para a unidade à qual pertencem. Não é incomum figurar nessas estrofes versos especialmente burilados e sintaticamente desafiadores, que chamam tanto mais atenção para si. Certos hinos especulativos ou de tom enigmático incluem em tais estrofes a reflexão, a cena ou a pergunta mais importante. Nos hinos que empregam o ônfalo como ponto alto da construção poética, estrofes espelhadas em torno do núcleo não raro repetem, de par em par, itens vocabulares ou fraseológicos, criando assim um efeito de moldura que confere realce tanto maior ao centro do arranjo.

A repetição, portanto, é um expediente estruturador onipresente nos hinos e pode ocorrer dentro de uma mesma estrofe ou concatenar estrofes diversas. Pode tanto consistir na repetição de vocábulos, de categorias gramaticais, de sintagmas e expressões fraseológicas como basear-se no paralelismo sintático, na composição em anel ou na estrutura em "ônfalo" (cf. JAMISON & BRERETON 2014: 64–6).

Organização temática

Como o Rig Veda contém um milhar de poemas dedicados a diversas divindades, a variedade de conteúdo dos hinos é imensa. No entanto, como boa parte dos hinos insere-se no ritual, que é centrado no rito de hospitalidade, é frequente que o conteúdo se organize em três blocos, muitas vezes, porém, com fronteiras lábeis e em ordem diversa: um chamado, a descrição da vinda da divindade e os pedidos.

Os hinos a Aurora possuem quase todos esses blocos, que podem ser organizados (mas nem sempre o são) em sequência. Um exemplo disso é um breve hino de nossa coleção, o 1.49. A primeira estrofe convoca a deusa a vir, as estrofes 2–3 descrevem a vinda e os efeitos da chegada da Aurora, e a quarta e última estrofe remata o poema com um pedido de dádivas. Vale lembrar que essa disposição não se aplica à totalidade dos hinos rigvédicos e que certos conjuntos de hinos, com forte teor ritualístico, não seguem esse padrão, como é notável no caso dos hinos ao deus Agni, o Fogo ritual.

Em contraste com os *Hinos homéricos* do universo grego, que são em boa parte de caráter narrativo e épico, os hinos do Rig Veda não costumam desenvolver temas narrativos em forma sequencial ou cronológica, ao longo das estrofes. Antes, a organização é episódica, e, em boa parte da coleção, a menção a episódios míticos restringe-se a cenas de eventos (muitas vezes alusivas) em que as divindades tomaram parte. Os detalhes de tais mitos seriam posteriormente organizados em narrativa na literatura auxiliar à coletânea (Brāhmaṇas, Āraṇyakas, Upaniṣads). Alguns dos mitos só serão narrados de maneira próxima aos da literatura greco-latina nos épicos *Rāmāyaṇa* e *Mahābhārata*, ambos muito posteriores ao período védico. É de supor que, no Rig Veda, as lacunas são suplementadas pelo conhecimento prévio da plateia, no que se refere tanto à natureza dos deuses e dos ritos quanto à fraseologia poética, que figuram não raro truncadas ou elípticas no original. Nele, sobressai uma técnica poética marcada pela complexidade formal e pelo engenho retórico, ambos a serviço da mensagem e do conteúdo a serem transmitidos, que ganham, assim, em coesão, variação e valor artístico.

Verso e metro

Se tendências gerais de estruturação e organização foram indicadas nas seções anteriores — tendências que não são sistematicamente seguidas pelos poetas ao longo do Rig Veda —, nesta comentamos brevemente a métrica, característica estrutural onipresente na coletânea. Todos os hinos do Rig Veda são metrificados, e a métrica era de tal importância para os responsáveis por conservar e transmitir o Rig Veda que, além da divindade à qual o hino é dedicado e o nome do compositor, também o nome do metro empregado foi transmitido nos *anukramaṇī* (é parte da prática editorial internacional incluir essa informação no cabeçalho do hino). Um dos motivos para essa preocupação, do ponto de vista dos que se valiam e se valem dos hinos para a liturgia ritual, é permitir que o recitador aplique, desde o início, as modulações melódicas associadas ao metro do poema, sem precisar, digamos assim, adivinhar em qual ritmo iniciar a récita.

A versificação védica utiliza dois critérios básicos: número de sílabas e peso das sílabas. Todos os versos possuem número fixo de sílabas, tal como na metrificação da poesia em língua portuguesa, sendo os mais comuns os de 8, 11 e 12 sílabas. Entretanto, no lugar do acento como marcador de ritmo e cadência, o védico utiliza a *quantidade* silábica, como é comum na poesia de outras tradições indo-europeias antigas, incluindo a poesia greco-latina. As sílabas repartem-se em leves e pesadas (também chamadas, respectivamente, de breves e longas), e cada metro exige uma certa distribuição de tais sílabas ao longo do verso. Sílabas pesadas são aquelas que contêm uma vogal longa[6] ou que são seguidas de um encontro consonantal, independente da duração de sua vogal;[7] sílabas leves são aquelas que contêm uma vogal breve. Algumas classes de metro possuem regras flexíveis para a distribuição da quantidade silábica e não possuem cesura fixa, ao passo que outros são mais rígidos e possuem uma sede preferida para a cesura. A tendência geral dos metros védicos é ter a quantidade silábica mais definida nas últimas sílabas do *pāda*, de modo que a cadência dos versos é recorrente ao longo do hino.

Entre os versos de oito sílabas estão o *gāyatrī* (estrofes de três versos octossilábicos) e o *anuṣṭubh* (estrofes de quatro versos octossilábicos). Tais metros são também conhecidos por *dímetros*, pois são compostos de *abertura* e *cadência*, cada qual contendo quatro sílabas em sua forma ideal. A cesura não é fixa, e por vezes abertura e cadência não são

6 Além das vogais /e/, /o/ e dos ditongos /ai/, /au/, são longas as vogais marcadas por um mácron, ex. *ā*.

7 Os dígrafos compostos de consoante seguida de *h* (*th*, *dh*, *bh* etc.) são considerados uma única consoante.

simétricas. Ambos têm preferência pelo ritmo jâmbico nas quatro sílabas finais: ⏑ – ⏑ **x**.[8]

Os hendecassílabos e dodecassílabos organizam-se de maneira distinta. Entre eles estão o *triṣṭubh* (quatro versos de onze sílabas), e o *jagatī* (quatro versos de doze sílabas). Chamam-se *trímetros* por conterem, além de abertura e cadência, um bloco rítmico chamado quebra. A divisão tradicional destas partes é: quatro ou cinco sílabas de abertura, duas ou três de quebra e quatro ou cinco de cadência. A cesura ocorre regularmente na quarta ou quinta sílaba, antes da quebra, e a cadência é preferencialmente trocaica: – ⏑ – **x** no *triṣṭubh* e – ⏑ – ⏑ **x** no *jagatī*.

Outros metros resultam da combinação de dímetros e trímetros em estruturas estróficas, tais como o *bṛhatī* (8 8, 12 8) e *satobṛhatī* (12 8, 12 8).

2. A AURORA

Vinte hinos são dedicados exclusivamente à deusa Aurora (védico *Uṣás*) no Rig Veda.[9] Trata-se da divindade feminina de maior relevância na coleção, entre as poucas que nela aparecem. Entre os livros familiares, apenas a segunda maṇḍala não contém hinos à deusa.[10] São, em geral, poemas compostos com esmero, com imagens marcantes e fraseologia recorrente (ver Apêndice).

---

8 Os metros *gāyatrī* e *anuṣṭubh* divergem não apenas no número de versos por estrofe, mas também na variedade de cadências anômalas empregadas, sendo o primeiro mais flexível, sobretudo no que se refere ao emprego de cadências trocaicas (– ⏑ – **x**) em vez da cadência jâmbica.

9 Segundo os *anukramaṇī*, que identificam Aurora como destinatária do hino 10.172, há na verdade vinte e um desses hinos. Apenas a quarta e última estrofe desse poema, entretanto, refere-se claramente a Aurora; as demais talvez façam referência a outras divindades ligadas ao ritual matutino, como Agni e Sūrya. Por tal motivo, não incluímos esse hino na presente coleção. Cabe lembrar que hinos esparsos, dedicados a mais de uma divindade, também contêm estrofes destinadas à deusa ao longo do Rig Veda. Menções isoladas a Aurora são frequentes nos diversos livros da coletânea.

10 Se excluirmos 10.172 (ver nota acima), são ao todo quatro maṇḍalas (2, 8, 9, 10) que não contam com ao menos um hino endereçado a Aurora.

Do ponto de vista histórico, Aurora é uma divindade que deve ter figurado no panteão dos povos indo-europeus originais. Seu nome, *Uṣás*, sinônimo do fenômeno natural da alvorada, *uṣás*, possui a mesma origem etimológica da *Ušå* avéstica, da *Ē̓ṓs* (Ἠώς) grega e da *Aurōra* latina.[11] Além de compartilhar o nome, a Aurora védica compartilha com as suas primas indo-europeias uma série de imagens comuns usadas para descrevê-la e louvá-la, parte das quais pode, em maior ou menor grau, apontar uma origem comum da figura mitológica e poética.[12]

Em védico, o nome *Uṣás* partilha da mesma raiz verbal *√vas/uṣ* "brilhar". Assim, a figura etimológica *Uṣás √vas/uṣ* "a Aurora brilha" é um conveniente expediente retórico que recorre inúmeras vezes nos hinos endereçados à deusa (ver Apêndice, item 2.1).

2.1. Deusa e fenômeno natural

Aurora é uma deusa da natureza, ou seja, é a personificação e deificação de um fenômeno natural, a exemplo de outras divindades do Rig Veda, tais como Sūrya "Sol", Vāyu "Vento", Parjanya "Trovão" e o par Dyava-Pr̥thivī "Céu e Terra". É razoável que uma parte central da representação poética e mitológica desta classe de divindades reflita ações e processos ligados à sua referência no mundo físico.

Como divindade celeste, Aurora é filha do Céu. O epíteto *divó duhitā́* "filha do Céu" ocorre ao longo de todo o conjunto de hinos que lhe são dedicados, mas outras formulações da mesma ideïa aparecem, como *duhitā́ divojā́ḥ* "filha nascida do Céu" (6.65.1a) e *divijā́ḥ* "nascida no céu" (7.75.1a). A figura da filha do Céu aparece em outras literaturas e pan-

11 O nome deriva da forma protoindo-europeia ***h_2*eu̯s-ōs*. A *aurōra* latina resulta da adição do *-a* final (**ausōsa* < ***h_2*eu̯s-ōs-a*), com rotacismo dos dois /s/ intervocálicos; o védico *uṣás-* é formado a partir do grau zero da raiz (***h_2*us-*); o grego ἠώς [*ēṓs*] reflete a perda do segmento *-u̯s-* intervocálico (*-u̯s-* > *-u̯u̯-* > *-u̯-* > Ø), com alongamento compensatório da vogal precedente: **au̯sōs* > **au̯u̯ōs* (eólico αὔως) > **āu̯ōs* (dórico ἀϝώς) > *ēōs* (jônico ἠώς: ē < ā) > *ʰeōs* (ático ἕως), com aspiração e abreviação pré-vocálica do *ē* longo. A raiz verbal indo-europeia correspondente, ***h_2*u̯es-* "clarear", é atestada em védico no grau pleno (aoristo *ví ... āvas* "acaba de clarear" < ***h_2*u̯és-*), no grau zero (presente *ucchā́ti* "clareia" < ***h_2*us-sḱé-*) e no grau *o* (perfeito *uvā́sa* "clareou" < ***h_2*u̯ós-*).

12 Para uma visão geral, cf. WEST (2022: 247–58).

teões indo-europeus, com termos correlatos: Saule, a deusa-Sol lituana, é chamada de *diẽvo duktė/dukrýtė* "filha do Céu" e, no mundo grego, várias figuras divinas como as Musas, Atena, Afrodite e a semidivina Helena são chamadas Διὸς θυγάτηρ "filha de Zeus".[13] Além do epíteto, elas partilham de outras características, como a posse de objetos dourados e a sensualidade, o que sugere uma herança comum. Quando da atestação, porém, das diversas tradições poéticas e mitológicas derivadas do tronco original indo-europeu, tal figura já se dispersara em várias outras.

O principal atributo associado à Aurora é o seu brilho. Diversos são os epítetos relacionados à luminescência da deusa. Raízes verbais sinônimas ou equivalentes cujo significado é "brilhar", como √*arc*, √*cit*, √*dyut*, √*bhā*, √*śvit*, √*śuc*, √*ruc*, √*vas*, figuram na maioria das estrofes dedicadas à divindade. A escolha de uma ou outra dessas raízes pelo poeta pode se dar por mera variação, mas também ocorre de modo deliberado, para produzir efeitos poéticos, ao alinhavar versos por meio de repetição vocabular, ou ainda ao quebrar a expectativa do público com a substituição de uma determinada forma verbal, ou mesmo ao criar um duplo sentido com formas homônimas: a raiz √*arc*, por exemplo, pode significar tanto "brilhar" como "cantar", e há passagens em que o poeta parece jogar com ambas as acepções (por exemplo, 1.92.3).

É de se notar que a raiz verbal *bhā-* "brilhar" (< $*b^heh_2$-), muito comum em nossa coleção, figura ao lado do nome da deusa não só no Rig Veda, mas em outras tradições indo-europeias vizinhas, como a iraniana e a grega.[14] Seu brilho, porém, não é de qualquer tipo; é amplo e vem de longe. A frase védica *urviyā́ ví bhāti* "ela brilha ao longe amplamente" (RV 1.92.9b), referente à Aurora, teria como correspondente (ver Campanile 1987) a divindade grega Eurifaessa (Εὐρυφάεσσα), lit. "aquela que brilha amplamente", conhecida apenas de um *Hino*

13 Cf. Schmitt (1967: 169–74) e West (2022: 211–12).

14 Em grego, pode-se citar a frase homérica **φάε ... Ἠώς** "Aurora brilhou" (*Odisseia* 14.502). No Avesta, o sintagma ***uši ... bāmya*** "Aurora brilhante" (Videvdat 19.28) corresponde às formas lexicalizadas *"wšy-b"m* (persa medieval maniqueísta) e *uš-bām* (pálavi) "alvorada, manhã", cf. West (2022: 249).

homérico a Hélio (31.2).[15] É de supor que tais paralelos fraseológicos não sejam fortuitos e que ambas as tradições poéticas, a grega e a indo-iraniana, remontem a um ancestral comum — por mais que o brilho seja atributo óbvio de toda a aurora como fenômeno da natureza.

Outra característica da alvorada natural é sua perpétua ciclicidade, e o mesmo se dá com a deusa védica. Uma aurora surge a cada novo dia, seguindo aquela que veio ontem e antecedendo a outra que virá amanhã. Resulta, assim, uma situação paradoxal, realçada pelos poetas védicos: se a Aurora é uma divindade única, ao mesmo tempo ela é nova a cada dia; aquela homenageada hoje foi antecedida por incontáveis outras, em uma série que se alonga às eras mais longínquas. O paradoxo entre unidade e multiplicidade, entre o que é a um só tempo novo e ancestral, figura em diversos hinos dedicados à Aurora. Una e múltipla, a deusa é descrita e interpelada ora no singular, ora no plural, e isso dentro de um mesmo hino ou de uma mesma estrofe; o jogo entre os números gramaticais parece promover, em alguns hinos, certa coesão temática. Ao tema da multiplicidade está associada a sucessão infinda das Auroras, apresentada como uma marcha contínua por um caminho bem definido e recorrente. Tal marcha implica o passar do tempo e, como consequência, o envelhecimento e a fugacidade da vida humana, que contrastam com as idas e vindas eternas e constantes da deusa.

A Aurora, embora ancestral porque recorrente desde o início dos tempos, é simultaneamente, em outro paradoxo explorado pelo poeta védico, uma deusa cuja juventude figura em destaque. Retrata-se a divindade como uma jovem, muitas vezes de traços sensuais, para quem o fato de ser ancestral não implica velhice, mas renovação perene e existência infinita. Os humanos do passado, marcados pela transitoriedade tal como os do presente, deram início à relação de troca de louvores e bens com a deusa, que, agora como antes, é a mesma jovem

---

15 O védico *urú-* "amplo", cujo feminino instrumental é *urviyā́*, e o grego εὐρύ- "amplo" são cognatos etimológicos. A possível origem comum entre a Aurora védica e a Eurifaessa grega também é tratada, além de WEST (2022: 249), em GARCÍA RAMÓN (2006: 82, n. 5) e MACEDO (2020).

imutável, com quem os humanos do futuro, igualmente transitórios, reforçarão os laços rituais mútuos, renováveis a cada dia.

Não é somente com as suas múltiplas irmãs Auroras que a Aurora do instante atual do hino mantém uma relação próxima, uma sucedendo e antecipando as outras, mas também com a Noite, igualmente sua irmã, com quem ela se reveza no céu. Em muitos hinos, a Aurora afasta e repele as trevas com sua luz, mas sua lide com a irmã Noite é narrada de modo muito menos combativo: ambas parecem aceitar a sua parte no ordenamento do mundo firmado pelos deuses. Mundo este que, em resposta à deusa do alvorecer, desperta e inicia as suas atividades, uma das quais é justamente louvar a divindade através do canto matinal. Tal canto, de modo inverso, é concebido como ele próprio necessário para despertar a Aurora e assim manter a ordem natural do mundo, incluindo todos os seres vivos, sejam humanos ou animais.

2.2. A deusa, o ritual e a *dakṣiṇā*

Ao despertar os humanos, a Aurora os instiga sobretudo à ação ritual, de que ela é a principal destinatária. Isso a põe em uma relação íntima com duas divindades que irão aparecer vez ou outra nos hinos, Savitar e Agni. Savitar, cujo nome significa "Impelidor" (um nome de agente em *-tar* construído sobre a raiz verbal *√sav/sū* "impelir"), é um deus que costuma figurar como responsável por garantir que o fluxo do tempo e o ciclo dos dias seja mantido, impelindo à ação o Sol, a Noite e os Maruts, divindades associadas às chuvas e estações. Parte de sua prerrogativa divina é partilhada pela Aurora, pois ela instiga os homens a que façam sua parte no ritual antes mesmo de o sol raiar. Entre as ações devidas pelos homens durante a manhã está acender o fogo para dar início ao ritual diário e, especificamente, às libações do rito matinal. Tal fogo é personificado na figura de Agni, o fogo divino, aceso durante o ritual e responsável, por vezes, pela intermediação entre homens e deuses, promovendo a troca de hinos por benesses. A importância de Agni como deus que é invocado e louvado desde o início do ritual reflete-se na própria disposição dos hinos no Rig Veda, cujos poemas a ele dedicados precedem os demais na maioria das maṇḍalas. Vários hinos à deusa Aurora concluem com menções diretas ou oblíquas a Agni, criando a impressão de que tais hinos eram, de fato, entoados na abertura do ritual, antes que o fogo fosse aceso.

Outro aspecto ritual da Aurora é sua associação com a *dakṣiṇā*, a recompensa dispensada aos sacerdotes e cantores. Tal recompensa, paga por quem financia o rito, ocorria durante o início do ritual matutino e era concedida na forma de gado bovino. As vacas, por sua vez, acompanham o alvorecer da Aurora e possuem papel central em um dos poucos mitos mencionados nos hinos à deusa — o mito da caverna de Vala.

Neste mito, um grupo de pessoas, os chamados Paṇi, aprisiona as vacas da Aurora na caverna de Vala, que é fechada por portas de pedra. Indra, o deus heroico por excelência do panteão védico, assume a tarefa de libertar as vacas cativas — uma ação libertadora análoga à de seu mito mais importante, quando subjuga Vr̥tra ("Obstáculo"), uma cobra gigante que havia obstruído o movimento das águas. No caso do mito da caverna de Vala, em vez de usar a sua força e a sua arma, a clava (*vájra-*), Indra se vale das palavras verdadeiras (ou seja, dos hinos) produzidas pelos Aṅgiras, um clã de poetas míticos, para romper as portas de pedra que mantêm prisioneiras as vacas da Aurora. O auxílio dos poetas na ação heroica serve de justificativa mitológica para o pagamento da *dakṣiṇā* durante a parte matutina do ritual. É de se notar que, no episódio da abertura da caverna de Vala tal como descrito nos hinos à Aurora, Indra não recebe menção direta alguma. Ausente também, em nossa coleção de hinos, é o episódio da destruição da carruagem da Aurora por Indra, de alusão frequente no Rig Veda e cuja versão mais explícita, a despeito de concisa e parcialmente obscura, encontra-se em RV 4.30.8–10.

2.3. A feminilidade da deusa

O antropomorfismo é um último aspecto marcante da Aurora: trata-se de uma divindade que se destaca pela feminilidade, pela sensualidade. Aurora é representada como uma jovem mulher, bem-vestida, adornada, besuntada de unguentos, cintilante de beleza sobre a sua carruagem. A jovem desempenha o papel de noiva ou esposa (*yóṣā* "jovem", um de seus epítetos, significa tanto "jovem noiva" como "jovem esposa"). Em diversos trechos da coleção, a Aurora desvela seu corpo nu e, em particular, os seus seios.[16] Embora o erotismo seja claro nessas passagens, a imagem também está associada à principal ação que a deusa realiza por sua natureza: revelar a si e ao seu sinal luminoso durante o alvorecer do dia.

Seu sorriso é mencionado em duas passagens de nossa coleção (1.92.6c, 1.123.10c),[17] na segunda delas em um contexto que sugere um sorriso sedutor ou malicioso: "Como uma moça orgulhosa de seu corpo, vais, ó deusa, ao deus que busca te alcançar. Toda sorridente, jovem, tu pões à mostra os seios a leste" — "a leste" também pode ser traduzido por "diante dele", ou seja, diante do deus que busca alcançá-la: conforme essa segunda leitura, o gesto provocador fica claro. Boedeker (1974: 23–6, 34–42) compara o sorriso atraente da Aurora ao de outra "filha do Céu" indo-europeia, a Afrodite grega. Além de Διὸς θυγάτηρ "filha de Zeus", ela é φιλομμειδής "amante do riso", um composto formado pelo adjetivo derivado do verbo μειδάω "sorrir", cognato da raiz védica √*smi* "sorrir", de que *saṁsmáyamānā* "sorridente" (1.123.10c) é o particípio.

Por fim, ao falar dos traços femininos da Aurora, é importante lembrar que ela é a principal divindade feminina a quem se dedicam os hinos no Rig Veda. O que lhe parece ser particular, portanto, pode muito bem ser parte do imaginário dos poetas védicos a respeito da mulher em geral. Há somente um hino à Noite (10.127), e aqui a imagem da deusa parece em boa parte herdada de sua irmã Aurora. Hinos a outras divindades femininas, como aqueles à deusa-rio Sarasvastī (e.g., 6.61), não estão interessados em suas características antropomórficas, mas em seu aspecto natural. Por outro lado, hinos que tratam de temas nupciais (10.85) ou eróticos (10.86, poema em que o macaco Vr̥ṣākapi tenta seduzir Indrāṇī), ou ainda aqueles nos quais a esposa de um sacerdote ou poeta tenta seduzi-lo para realizar seu desejo sexual (1.179, 10.183), não se valem das mesmas imagens de sensualidade feminina

16 Exemplos: 1.92.4, 1.123.10–11, 1.124.7cd, 5.80.5–6, 6.64.2cd.

17 Ver ainda RV 3.4.6ab: ambas Aurora e Noite sorriem, embora seus corpos sejam diversos na forma. Em 1.124.7d, a Aurora é comparada a uma libertina, *hasrā́*, literalmente "mulher sorridente", termo derivado da raiz verbal *has-* "sorrir".

que os hinos a Aurora. Sendo assim, é difícil precisar se a construção da imagem feminina e sedutora da Aurora lhe é peculiar no mundo védico ou corresponde à ideia geral de sensualidade feminina aos olhos dos poetas.

Sobre a tradução e os comentários

Sabe-se que, entre os poetas do Rig Veda, há em geral uma busca intencional pela opacidade, refletida por vezes na sintaxe, que em certas passagens raia os limites do inteligível. A presente tradução tem como princípio norteador garantir a inteligibilidade em português, sempre que possível preservando os paralelismos vocabulares e estruturais do original. É uma tradução em prosa de um texto poético, pautada sobretudo pela literalidade. Não é nossa intenção oferecer ao público uma tradução poética, que de algum modo recrie ou reinvente o original védico. Os expedientes retóricos são explicados nos comentários.

Referências adicionais para completar a sintaxe de certos versos incluem-se entre parênteses; outras, para esclarecer o sentido de certos termos, incluem-se entre parênteses, acrescidas de um sinal de igual. Tentou-se reduzir ambas ao mínimo, a fim de excluir, de um lado, elementos externos ao texto, sem, de outro, privar o leitor contemporâneo de referências cuja ausência comprometeria a compreensão e que, de resto, seriam acessíveis ao público original. Traduções e comentários fundamentais como os de GELDNER (1951 [2003]), RENOU (*ÉVP*), WITZEL & GOTŌ (2007), WITZEL, GOTŌ & SCARLATA (2013) e sobretudo JAMISON & BRERETON (2014), acrescidos dos comentários de JAMISON (blog), foram consultados a cada passo.

Quanto aos comentários, que seguem em cada hino os textos espelhados do original védico e da tradução, o objetivo básico é mostrar que os hinos do Rig Veda, e em particular os dedicados a Aurora, são criações poéticas estruturadas em um todo coeso, pautado por princípios retóricos que os unifica, e não simples sequência aleatória de estrofes isoladas, sem alinhave consciente. Tradução e comentários foram lidos e revisados em conjunto pelos autores, que respondem, no entanto, pela redação original de comentários específicos. A autoria é indicada ao final de cada comentário. Ao final da obra, no Apêndice, o leitor encontrará uma lista temas e itens fraseológicos recorrentes nos hinos a Aurora, além de um rol de epítetos referentes à deusa em nossa coleção.

A ideia deste livro surgiu a partir de sessões de leitura dos hinos rigvédicos realizadas pelos autores no âmbito do GELIEA (Grupo de Estudos de Línguas Indo-Europeias Antigas). O livro é endereçado ao público em geral, sobretudo aquele interessado em poesia antiga, e não exige conhecimento prévio do sânscrito védico (termos e passagens citados nos comentários são todos glosados e traduzidos). Evitou-se, assim, a discussão linguística de pormenores, restrita aos círculos acadêmicos, em prol de uma abordagem formal mais ampla. Espera-se que tradução e comentários possam divulgar em nosso meio o estudo ainda pouco cultivado de uma poesia cuja qualidade poética merece atenção, ao lado de outras tradições de maior destaque, como a grega e a latina.

Uma nota, enfim, à ausência de crase no título: *Hinos a Aurora*. Aurora é uma deusa e ao mesmo tempo um fenômeno natural. Corpos celestes e fenômenos naturais costumam ser referidos com o artigo ("a aurora", "o sol", "a lua"); os deuses, não ("Apolo", "Ártemis"). Dizemos "Hino a Apolo", Hino a Ártemis", porém "Hino ao Sol", "Hino à Lua". A crase sugere uma Aurora fenômeno natural; sua ausência, uma Aurora divindade. O poeta védico oscila a todo instante entre uma e outra, entre nome próprio e nome comum – os quais, afinal, são homônimos. Optamos por privilegiar, no título, Aurora como deusa. Nos hinos, todavia, o leitor logo verá que esta se confunde mais de uma vez com a aurora natural, o que reflete a ambiguidade própria de sua essência.

Breve guia de pronúncia e transliteração

O texto védico utilizado nesta obra é aquele metricamente reconstruído, estabelecido por VAN NOOTEN & HOLLAND (1994). Corresponde à forma métrica original dos hinos, com inserção, por exemplo, de vogais que seriam pronunciadas na recitação, aqui grafadas sobrescritas no texto transliterado (e.g., t^{u}*vé*).

Apenas como guia aproximado da pronúncia do védico, que talvez interesse para atentar à sonoridade do original e a suas repetições em eco, incluímos estas brevíssimas observações.

As vogais *a*, *i*, *u* podem ser breves ou longas (*ā*, *ī*, *ū*); *e*, *o* são sempre longas e remontam a *ai*, *au*, respectivamente. Os ditongos *ai*, *au*, por sua vez, remontam respectivamente a **āi*, **āu*. São, ainda, vogais silábicas as líquidas *r̥*, *l̥*, sendo que *r̥̄* também pode ser longa.

Algumas consoantes possuem uma forma aspirada, que se pronuncia com uma leve aspiração após a oclusiva (*k* — *kh*, *b* — *bh*, *d* — *dh* etc.). Outras consoantes, ditas retroflexas (ou cerebrais), são notadas com um ponto subscrito (*ṭ*, *ṭh*, *ḍ*, *ḍh*, *ṇ*, *ṣ*) e pronunciadas com a ponta da língua apoiada não no alvéolo, mas no palato. A nasal *ṃ*, também chamada *anusvāra*, é uma variante de *m* diante de *y*, *v* e usada para marcar a nasal homorgânica diante de oclusivas; já *ṁ* (ou *m̐*), também chamada *anunāsika*, é a variante diante de *r*, *s*, *ś*, *ṣ*, *h* (em sândi, -*āṁ* substitui -*ān*). As oclusivas *b*, *d*, *k*, *p*, *t* são pronunciadas como em português (*t* e *d*, porém, designam sempre uma oclusiva não-palatal, mesmo quando antepostas a vogais anteriores: *tia* = [ˈti.ɐ], não [ˈt͡ʃi.ɐ]). Atentar para as seguintes consoantes: *c* = [tch], *ch* = [tch] + aspiração; *g* é sempre velar (~ *g*ota, *g*ueto), nunca palatal (~ *g*esto, *g*iro), *gh* = *g* velar + aspiração; *j* = [dj], *jh* = [dj] + aspiração; *s* é sempre uma sibilante surda (= [ss]), nunca sonora (= [z]), mesmo entre vogais; *ś* = [ch]; *ṣ* = [ch] retroflexo. Quanto a *ḥ*, trata-se da forma surda de *h* (sonoro), pronunciado sempre aspirado. A líquida *r* tem pronúncia alveolar ou trilada; *l* é semelhante ao português, assim como a labiodental *v* e as nasais *m*, *n* (bilabial e alveolar, respectivamente). Esta última apresenta as seguintes variantes: *ṅ* é uma nasal velar sonora [ŋ] (~ sa*n*gue); *ñ*, uma nasal palatal (~ se*nh*or); *ṇ*, uma nasal retroflexa.

O leitor notará que a parte final das palavras varia conforme apareça *in pausa*, ao final do hemistíquio ou *pāda*, ou em combinação com a palavra seguinte no interior do mesmo hemistíquio ou *pāda*. Isso resulta do chamado sândi, um conjunto complexo de regras eufônicas que tem por princípio básico evitar o hiato e promover a assimilação entre fonemas. Vogais, por exemplo, podem mesclar-se e mudar de aspecto (*pitḗva* = *pitā́ iva*), consoantes surdas se sonorizam diante de vogais ou consoante sonoras (*gámad vā́jebhiḥ* para *gámat*), a sílaba final *-aḥ* (a forma *in pausa* de *-as*) perde o *ḥ* diante de vogais (exceto *a*), porém diante de *a* e de consoantes sonoras, *-aḥ* resulta em o (*no áti* para *naḥ* ← *nas*), e assim por diante. Adotamos como princípio geral, nos comentários, citar a forma *in pausa* quando a palavra não é seguida de outra, mesmo que apareça, no original, em sua forma sândi.

ऋग्वेद * | Rig Veda: Hinos a Aurora

* Texto védico: Van Nooten, B. & G. Holland. *Rigveda. A metrically restored text with an introduction and notes*. Cambridge, Mass. / London: HUP, 1994.

Hino 1.48

Praskaṇva Kāṇva
bṛhatī alternando com satobṛhatī

1 a sahá vāména na uṣo
b v^{í} uchā duhitar divaḥ |
c sahá dyumnéna bṛhatā́ vibhāvari
d rāyā́ devi dā́svatī ||

2 a áśvāvatīr gómatīr viśvasuvído
b bhū́ri cyavanta vástave |
c úd īraya práti mā sūnṛ́tā uṣaś
d códa rā́dho maghónām ||

3 a uvā́soṣā́ uchā́c ca nú
b devī́ jīrā́ ráthānām |
c yé asyā · ācáraṇeṣu dadhriré
d samudré ná śravasyávaḥ ||

4 a úṣo yé te · prá yā́meṣu yuñjáte
b máno dānā́ya sūráyaḥ |
c átrā́ha tát káṇva eṣāṃ káṇvatamo
d nā́ma gṛṇāti nṝṇā́m ||

5 a ā́ ghā yóṣeva sūnár^{ī}
b uṣā́ yāti prabhuñjatī́ |
c jaráyantī vṛ́janam padvád īyata
d út pātayati pakṣíṇaḥ ||

6 a ví yā́ sṛjáti sámanaṃ v^{í} arthínaḥ
b padáṃ ná vet^{i} ódatī |
c váyo nákiṣ ṭe paptivā́ṃsa āsate
d v^{í}uṣṭau vājinīvati ||

7 a eṣā́yukta parāvátaḥ
b sū́ryasyodáyanād ádhi |
c śatáṃ ráthebhiḥ subhág^{ā} ^{u}ṣā́ iyáṃ
d ví yāt^{i} abhí mā́nuṣān ||

1 Com bem de valor brilha ao longe para nós, ó Aurora,
filha do céu,
com clarão excelso, ó resplandecente, com riqueza, deusa,
rica em dádiva (que és).

2 Ricas em cavalos, ricas em vacas, descobridoras de todos os
bens, em abundância agitam-se (as Auroras) para brilhar.
Suscita prodigalidades em minha direção, ó Aurora,
estimula a benesse dos benfeitores.

3 Aurora brilhou e brilhará agora, deusa vivaz das carruagens.
Quem se põe a postos aos seus avanços, como os que buscam
fama no mar,

4 e quem, ó Aurora, às tuas marchas atrela o pensamento
para dar, os patronos
— aqui mesmo Kaṇva, o ápice dos Kaṇva, deles canta o nome,
desses varões.

5 Eis que chega a impetuosa Aurora, dando prazer como
uma moça.
Despertando a comunidade dotada de pés, ela segue, faz os
alados alçar voo.

6 Ela que dispersa a reunião, os atarefados, como (lhes) segue
o caminho, orvalhada.
As aves, tendo alçado voo ao teu alvorecer, não pousam,
ó rica em prêmios de vitória.

7 Essa aqui atrelou-se ao longe, lá onde o sol se ergue.
Com cem carruagens, essa bem-aquinhoada Aurora avança
em direção aos humanos.

8 a víśvam asyā nānāma cákṣase jágaj
b jyótiṣ kr̥ṇoti sūnárī |
c ápa dvéṣo maghónī duhitā́ divá
d uṣā́ uchad ápa srídhaḥ ||

9 a úṣa ā́ bhāhi bhānúnā
b candréṇa duhitar divaḥ |
c āváhantī bhū́r^{i} asmábhyaṃ saúbhagaṃ
d v^{i}uchántī díviṣṭiṣu ||

10 a víśvasya hí prā́ṇanaṃ jī́vanaṃ t^{u}vé
b ví yád uchási sūnari |
c sā́ no ráthena br̥hatā́ vibhāvari
d śrudhí citrāmaghe hávam ||

11 a úṣo vā́jaṃ hí váṃs^{u}va
b yáś citró mā́nuṣe jáne |
c ténā́ vaha sukŕ̥to adhvarā́m̐ úpa
d yé tvā gr̥ṇánti váhnayaḥ ||

12 a víśvān devā́m̐ ā́ vaha sómapītaye
b ^{a}ntárikṣād uṣas t^{u}vám |
c sā́smā́su dhā gómad áśvāvad ukth^{i}yam
d úṣo vā́jaṃ suvī́r^{i}yam ||

13 a yásyā rúśanto arcáyaḥ
b práti bhadrā́ ádr̥kṣata |
c sā́ no rayíṃ viśvávāraṃ supéśasam
d uṣā́ dadātu súgm^{i}yam ||

14 a yé cid dhí tvā́m ŕ̥ṣayaḥ pū́rva ūtáye
b juhūré ^{á}vase mahi |
c sā́ na stómā́m̐ abhí gr̥ṇīhi rā́dhas^{ā}
d ^{ú}ṣaḥ śukréṇa śocíṣā ||

8 Todo o mundo animado inclina-se diante de sua vista, a impetuosa cria luz.
Aurora, a generosa filha do Céu, brilha para longe o ódio, para longe os equívocos.

9 Aurora, reluz para cá com tua luz cintilante, ó filha do Céu,
conduzindo para cá boa fortuna abundante para nós, brilhando ao longe no rito matutino.

10 Pois o sopro e a vida de tudo estão em ti quando brilhas ao longe, ó impetuosa.
Com a tua carruagem excelsa, ó resplandecente, ouve o nosso chamado, ó rica em dádivas radiantes!

11 Ganha, ó Aurora, o prêmio, que é brilhante entre os humanos.
Com ele conduz para cá, aos rituais, os benfeitores, que te louvam como condutores (do ritual).

12 Do espaço intermediário conduz tu todos os deuses, ó Aurora, para (o) beber (d)o soma.
Deposita em nós a posse de bois e cavalos, ó Aurora, (e) dignos de louvor o prêmio e bons heróis.

13 Aquela cujos raios luzentes e auspiciosos deram-se a ver à frente
— que ela, a Aurora, nos dê riqueza de todo desejável, bem-ornada e fácil de alcançar.

14 Porque mesmo aqueles antigos videntes que te clamaram por ajuda, por auxílio, ó grande
— canta nossos louvores (como os deles) com generosidade, ó Aurora, com fulgor fulgurante.

15 a úṣo yád adyá bhānúnā
b ví dvā́rāv r̥ṇávo diváḥ |
c prá no yachatād avr̥kám pr̥thú chardíḥ
d prá devi gómatīr íṣaḥ ||

16 a sáṃ no rāyā́ br̥hatā́ viśvápeśasā
b mimikṣvā́ sám íḷābhir ā́ |
c sáṃ dyumnéna viśvatúrā uṣo mahi
d sáṃ vā́jair vājinīvati ||

15 Aurora, quando hoje com a tua luz abrires as portas do céu,
estende-nos larga proteção infensa ao lobo, ó deusa,
estende-nos bálsamo na forma de vacas.

16 Mistura-nos com riqueza excelsa dotada de todo ornato,
com refrescos,
com clarão que tudo perpassa, ó grande Aurora,
com prêmios, ó rica em prêmios de vitória.

Comentário

Incluído em uma série de hinos dedicada a divindades do sacrifício matinal, este hino, um dos mais longos endereçado a Aurora na primeira maṇḍala do Rig Veda, tematiza especialmente a aquisição de bens — um expediente comum, dada a distribuição da *dakṣiṇā*, o honorário ritual, aos poetas e sacerdotes no ritual matutino. Na primeira parte (1–4), faz-se menção a qualidades perenes da Aurora, de posses materiais (1–2) à habilidade de reluzir e cantar (3–4), permeadas de imperativos de caráter geral (cf. abaixo). Somente na quinta estrofe, após o símile das estrofes 3–4, é que a deusa entra em cena (*ā́ ghā ... uṣā́ yāti* "eis que chega a Aurora" 5ab). Esse movimento inaugura uma segunda seção do hino (5–10), dando assim início à personificação da Aurora, a quem se atribuem beleza radiante e a função de despertar e animar todos os seres vivos. Os verbos no presente, que em 1–6 haviam designado a maioria das ações da deusa (afora *uvā́sa* "brilhou" 3a, no perfeito), dão lugar ao aoristo, indicador temporal de passado recente, na estrofe 7, por volta da metade do hino, em posição inicial marcada: *eṣā́yukta* (= *eṣā́ ayukta*) "ela se atrelou" (7a) e vem agora, de longe, em direção aos humanos (*ví yāti abhí mā́nuṣān* 7d). Segue-se, nas estrofes centrais, notável série de imperativos, que exortam a deusa, como protetora (8), a conceder boa fortuna ao condutor do ritual (9), ouvir a prece do hino (10) e obter o prêmio (*vā́jam* 11a). Nas estrofes finais (12–16), pede-se a Aurora que conduza os deuses ao ritual (11–12), tarefa mais comumente atribuída a Agni (e.g. 1.44). É nessa relação mútua de reciprocidade, que encontra paralelos no passado, quando os *ṛ́ṣis* "videntes" louvaram Aurora e foram por ela auxiliados (14), que se justifica a prece por riqueza e proteção, ora reforçada (15–16).

Alguns expedientes retóricos extrapolam os limites de cada parte em que se divide o hino e podem, pois, à guisa de clareza, ser mencionados de antemão. Um deles é observável já na repetição ("epanáfora") preposicional da primeira estrofe (*sahá vāména ... sahá dyumnéna bṛhatā́ ... rāyā́* "com bem de valor ... com clarão excelso ... e riqueza" 1acd)[1] e consiste, de forma mais abrangente, em uma espécie de "anáfora de

1 Notem-se, ainda, os ecos desinenciais *vāména ... dyumnéna bṛhatā́ ... rāyā́* "com bem de valor ... com clarão excelso ... com riqueza".

partículas locais".[2] No hino, recorrem as partículas locais *sahá* "com" (1ac), *ví* "ao longe" (1bc, 6ad, 7d, 9d, 10b), *ápa* "para longe" (8cd), *ā́* "aqui, para cá" (9ac), *prá* "à frente" (15cd) e *sám* "com" (16).

1ab	***sahá*** *vāména na uṣo* ***ví*** *uchā duhitar divaḥ*
1cd	***sahá*** *dyumnéna bṛhatā́* ***vi****bhāvari rāyā́ devi dā́svatī*

6ab	***ví*** *yā́ sṛjáti sámanaṃ* ***ví*** *arthínaḥ padáṃ ná veti ódatī*
6cd	*váyo nákiṣ ṭe paptivā́ṃsa āsate* ***ví****uṣṭau vājinīvati*
7cd	*śatáṃ ráthebhiḥ subhágā uṣā́ iyáṃ* ***ví*** *yāti abhí mā́nuṣān*
8cd	***ápa*** *dvéṣo maghónī duhitā́ divá uṣā́ uchad* ***ápa*** *srídhaḥ*
9ab	*úṣa* ***ā́*** *bhāhi bhānúnā candréṇa duhitar divaḥ*
9cd	***ā****váhantī bhū́ri asmábhyaṃ saúbhagaṃ* ***vi****uchántī díviṣṭiṣu*
10ab	*víśvasya hí prā́ṇanaṃ jī́vanaṃ tuvé* ***ví*** *yád uchási sūnari*

15cd	***prá*** *no yachatād avṛkám pṛthú chardíḥ* ***prá*** *devi gómatīr íṣaḥ*
16ab	***sáṃ*** *no rāyā́ bṛhatā́ viśvápeśasā mimikṣvā́* ***sám*** *íḷābhir ā́*
16cd	***sáṃ*** *dyumnéna viśvatúrā uṣo mahi* ***sáṃ*** *vā́jair vājinīvati*

A repetição, é claro, confere ênfase ao conteúdo frasal; veremos adiante como o poeta a emprega a cada passo do hino. Note-se, no entanto, que a repetição da partícula, caso componha um sintagma verbal, pode também servir de expediente para repetir abreviadamente todo o complexo verbal, como se verifica, por exemplo, em 8cd (*ápa ... uchat ... ápa* ... "brilha para longe ... [brilha] para longe ...") e 15cd (*prá no yachatāt ... prá* ... "estende-nos ... es[tende-nos] ...").

Outro expediente sobremodo recorrente é a figura etimológica. Seu exemplar mais fundamental no contexto dos hinos a Aurora é justamente o eco entre o nome da deusa, *uṣás-*, e a raiz verbal √*vas/uṣ* "brilhar, iluminar", que parece promover, verbalmente, um vínculo entre

2 É preferível falar em "partícula" dada a pletora de funções exibida por esses elementos, que servem ora como preposições, aliados a um substantivo e formando, assim, um sintagma preposicional; ora como advérbios, sem se aliar inequivocamente a outro elemento na frase; ora como prevérbios, compondo um sintagma verbal com o verbo.

o nome divino e uma de suas características mais fundamentais, o seu fulgor. Veja-se, neste hino: *uṣo ví uchā* "ó Aurora, brilha ao longe" (1ab), *uṣā́ uchat* "a Aurora brilha" (8d) e, com tanto mais força, dada a repetição tripla, *uvā́soṣā́ uchā́c ca nú* (= *uvā́sa uṣā́ uchā́t*) "Aurora brilhou e brilhará agora" (3a). É nítida a diversidade de modos verbais que compõem esse recurso retórico: *ucha* (1b) é um imperativo (2ª sg.); *uchat* (8d), um injuntivo; *uvā́sa* (3a), um perfeito do indicativo; *uchā́t* (3a), um subjuntivo. Essa figura etimológica é das mais comuns nos hinos a Aurora (ver Apêndice, item 2.1).

Primeira parte (1–4)

O hino principia, como é de praxe nos hinos a Aurora,[3] com um imperativo: 2ª sg. *ucha* "brilha!" (1b), aqui ladeado por dois sintagmas preposicionais em posição inicial de verso ("epanáfora"). O singular da primeira estrofe dá lugar ao plural da segunda, o que se justifica pelo caráter paradoxal dessa deusa que, não obstante sua natureza imutável, se renova a cada dia e é, pois, una e plural ao mesmo tempo. Ao pedido que brilhe "com bem de valor" e "riqueza", ou seja, que conceda bens ao adorador ao brilhar (cf. estrofes 9, 12–13), seguem-se compostos que nomeiam a imensa riqueza material da(s) deusa(s), talvez mimetizada na repetição em eco *dā́svatī* ... *áśvāvatīr gómatīḥ* "rica em dádivas ... ricas em cavalos, ricas em vacas" (1d–2a), e reforçada por *bhū́ri* "em abundância" que encabeça o *pāda* 2b.[4] A deusa é não somente possuidora de tamanha riqueza como também capaz de descobrir muitas outras: é provavelmente esse o sentido do hápax *viśvasuvíd-* (2a), segundo alguns[5] o resultado da haplologia de **viśva-vasu-víd-*, composto dos membros *viśva-* "todos", *vasu-* "bens" e *víd-* "encontrar": "descobridora de todos os bens". Note-se que o caráter universal da ação da deusa se reflete formalmente na repetição de *viśva-* "tudo, todo" em diversas formas gramaticais ("poliptoto") no início das estrofes 8, 10 e 12: *viśvam* (acus. neut. sg.), *víśvasya* (gen. masc. sg.), *víśvān* (acus. masc. pl.). A esses somam-se *viśvávāram* "de todo desejável" (13c), *viśvápeśasā* "de todo ornato" (16a), *viśvatúrā* "que tudo perpassa" (16c).

---

3 Ver Renou (*ÉVP* 3: 14) e Witzel & Gotō (2007: 573).

4 O advérbio *bhū́ri* "em abundância" pode ser lido tanto com o verbo *cyavanta* "agitam-se" (2b) quanto com os adjetivos que preenchem o *pāda* 2a.

5 Bloomfield (1917: 3) seguido por Jamison (blog, *ad loc.*).

Não parece infundado supor que a riqueza da deusa, sempre tão enfatizada, esteja presente no sintagma *jīrā́ ráthānām* (3b), que se constrói com *devī́* "deusa": "deusa vivaz das carruagens", em conformidade com a tradução de Jamison.[6] Tal epíteto é corroborado pelas cem carruagens atribuídas à deusa em 7c (cf. abaixo). Munida dessa riqueza é que a Aurora deve atender à prece do poeta, aqui autodenominado Kaṇva, o melhor de sua estirpe (*káṇvatamaḥ* 4c: lit. "o mais Kaṇva"): pede-se que ela, rica em dádivas (*dā́svatī* 1d), suscite prodigalidades (*īraya* ... *sūnṛ̥tā* 2c) e estimule a benesse dos benfeitores (*códa rā́dho maghónām* 2d).[7]

A deusa Aurora é comumente tida por "filha do Céu".[8] Essa noção costuma ser expressa por um sintagma composto da palavra para "filha" associada ao genitivo da palavra para "céu", como se vê em 1b *duhitar* (= "filha", voc. sg.) *divaḥ* (= "céu", gen. sg.). O frasema, herdado do protoindo-europeu, recorre com frequência nos hinos a Aurora (cf. e.g., neste mesmo hino, 9b).

Segunda parte (5–10)

A chegada da Aurora ao ritual matutino, marcada pela partícula local *ā́* "aqui, para cá" em posição inicial de *pāda* (5a), enseja também a personificação da deusa, que já surge "dando prazer como uma moça" (*yóṣeva* ... *prabhuñjatī́* 5ab). A ela cabe despertar todos os seres vivos na terra, em formulação que opõe "a comunidade dotada de pés" (*vṛ̥́janam padvát* 5c) e "os alados" (*pakṣíṇaḥ* 5d),[9] bem como dispersar a reunião,

6 Em sua tradução, por outro lado, Geldner considera *jīrā́* como um agentivo com objeto expresso no genitivo (*ráthānām*): "(aquela que) põe as carruagens em movimento". A estrofe 3 exibe diversos problemas, tanto semânticos como sintáticos (ver discussão em JAMISON, blog, *ad. loc.*).

7 *sūnṛ̥́tā* "prodigalidades" é amplamente discutido por RENOU (*ÉVP* 3: 17, com referências). Sobre "suscitar prodigalidades" e "estimular benesses", cf. Apêndice, item 2.8.

8 WEST (2022: 215).

9 Parece tratar-se de expressão polar complexa, semelhante ao merisma, figura retórica que dá expressão à totalidade de uma ideia por meio da menção de seus representantes opostos (cf. adiante, e.g., 4.51.5d *dvipā́c cátuṣpāt* ... *jīvám* "seres vivos de dois pés (e) de quatro pés"). Trata-se aqui, por um lado, do domínio terrestre (5c) e, por outro, do celeste (5d): a deusa "faz alçar voo"

dispersar os atarefados (ví yā́ sr̥játi sámanam ví arthínaḥ 6a). Note-se o contraste entre as partículas locais ā́ "para cá" na estrofe 5 (ā́ ... yāti "vem para cá" 5ab) e ví "ao longe" em 6 (ví ... ví ... 6a): se ela veio de longe, como diz a estrofe seguinte (*parāvátaḥ* 7a), é para longe uns dos outros que ela, ao surgir "orvalhada" (*ódatī* 6b), impele os mortais. Pode ser que o particípio *ódatī*, que encerra o *pāda* 6b, reflita o caráter dúbio da deusa entre fenômeno natural e bela moça, uma vez que *ódatī*, como aponta JAMISON (blog, *ad loc.*), "é usado simultaneamente em dois sentidos: o literal, "úmida", referindo-se ao orvalho característico da madrugada, e "lúbrica", referindo-se às notórias qualidades hiperfemininas e sexuais da Aurora, também refletidas em 5ab".

Digno de nota é também o fato de o epíteto *vājinīvati* "rica em prêmios de vitória", ao termo da sexta estrofe, ser associado a Aurora e reaparecer ao final do hino, como fecho estrófico (16d). Trata-se de epíteto formado com base em *vājín-* "(cavalo) premiado", adjetivo possessivo derivado de *vā́ja-* "prêmio" (JAMISON, blog, *ad loc.*), que figura em 11a.

Como notamos acima, é apenas na sétima estrofe que aparece um tempo verbal diverso do presente e do perfeito: o aoristo *áyukta* (7a) "atrelou-se" introduz uma temporalidade narrativa até então ausente. E se o poeta localiza a deusa "ao longe, lá onde o sol se ergue" (7ab), não é senão para trazê-la ao *hic et nunc* do hino com os *pādas* finais da estrofe, nos quais ela, com cem carruagens (7c),[10] vem aos humanos (7d). Uma vez presente no ritual, reforça-se o caráter universal do campo de ação da deusa (8ab), somado à atividade protetora (8cd): ela se incumbe de brilhar "para longe o ódio, para longe os equívocos" (*ápa dvéṣaḥ ... ápa srídhaḥ* 8cd). Note-se a anáfora da partícula local *ápa* "para fora, para longe", que carrega o conteúdo semântico do verbo *ápa √vas* "brilhar para longe", i.e., "afastar/extinguir iluminando".[11]

(*út pātayati* 5d) os habitantes do céu e "desperta" (*jaráyantī* 5c) os da terra. Essa interpretação é sugerida pela recorrência do sintagma "todas as criaturas", e.g. 1.113.4d, 5d, 6d *uṣā́ ajīgar bhúvanāni víśvā* "Aurora despertou todas as criaturas".

10 "Cem carruagens" deve-se às Auroras que sempre recorrem; geralmente, "100" = "muitos" (cf. WITZEL & GOTŌ 2007: 575).

11 Para essa construção verbal em indo-iraniano, cf. FORSSMAN (2000).

Só em 9 é que se retomam os imperativos, ausentes desde 4. Diferentemente das estrofes iniciais (1–4), as estrofes centrais são marcadas por forte autorreferencialidade: o poeta, autodenominado Kaṇva (4c), refere-se a si mesmo, na primeira pessoa (*asmábhyam* "para nós" 9c). O *hic et nunc* do hino é sublinhado pela repetição da partícula local *ā́* "para cá": afora 5a, notar 9a *ā́ bhāhi bhānúnā* "reluz para cá com a tua luz" (figura etimológica) e 9c *āváhantī* "conduzindo para cá". Cabe sublinhar que a abertura da estrofe 9 opõe-se ao conteúdo da estrofe 8: declara-se, no primeiro momento, aquilo que a Aurora afasta e, em seguida, aquilo que deve trazer ao ritual, tudo marcado pela oposição entre partículas locais: *ápa ... uchat*[12] *... ápa* "brilha para longe ... para longe" (8cd) e *ā́ bhāhi ... āváhantī* "reluz para cá ... conduzindo para cá" (9ac).

Outro expediente verbal digno de nota é o fato de os *pādas* 9ab serem balizados por menções à deusa, ora nominalmente, ora por meio do recorrente sintagma "filha do Céu": *#úṣa ... duhitar divaḥ#* (9ab), ambos no vocativo. Cria-se, assim, um vínculo formal com o fim da estrofe anterior, em que esses elementos ocorrem justapostos, em ordem oposta e em caso diverso (nominativo): *duhitā́ divá uṣā́* (8cd). Agora fortemente presente no rito, resta à deusa dar ouvidos à prece; disso se incumbe a estrofe 10, na qual se lhe pede expressamente que ouça o chamado (*śrudhí ... hávam* 10d). É interessante, por fim, destacar um alinhave formal das três partes do hino: o *pāda* 10c ecoa o *pāda* 1c e antecipa a última estrofe do poema, que retoma elementos anteriores:

1cd	*dyumnéna bṛhatā́ vibhāvari rāyā́*	"com clarão excelso, ó resplandecente, com riqueza"
10c	*ráthena bṛhatā́ vibhāvari*	"com a tua carruagem excelsa, ó resplandecente... "
16ac	*rāyā́ bṛhatā́ ... dyumnéna*	"com riqueza excelsa... com clarão..."

12 Não resta claro se a forma injuntiva 8d *uchat* tem valor modal ("que a Aurora brilhe") ou se deve ser tomada como um simples indicador gnômico: "Aurora brilha (de costume)".

Terceira parte (11–16)

Dois temas básicos figuram nas duas primeiras estrofes dessa parte final: o prêmio (*vā́ja-*) e a condução. No início da estrofe 11, Aurora é incitada a ganhar o prêmio, prêmio esse que ressurge ao fim da estrofe 12, lá e cá com os mesmos elementos adjacentes: nome divino e bem material (*úṣo vā́jam* 11a = 12d). O tema da condução, prefigurado em 9c (*āváhantī* "conduzindo para cá"), é aqui retomado e estende-se à estrofe seguinte (*ā́ vaha* "conduz para cá" 11c = 12a, *váhnayaḥ* "condutores" 11d). A configuração sintática de *ā́ vaha* em 11c é algo truncada, devido à ausência de um referente nominal explícito para o adjetivo substantivado *sukŕ̥taḥ* "benfeitor(es)", que pode ser tido tanto como gen. sg. dependente de *adhvarā́n* "rituais" no *pāda* anterior ("rituais do benfeitor"), quanto como acus. pl. (*ā́ vaha sukŕ̥taḥ* "conduz para cá os benfeitores"); preferimos a segunda leitura, pois, do contrário, *ā́ vaha* "conduz" permaneceria sem objeto explícito. Levando em conta a observação de JAMISON (blog, *ad loc.*) de que *sukŕ̥taḥ* "benfeitor" por vezes se aplica a deuses (e.g. em 10.63.9), pode-se tomar 12a como chave interpretativa para 11c: *víśvān devā́n* "todos os deuses" (12a) figura como objeto do mesmíssimo sintagma *ā́ vaha* "conduz para cá" (2ª sg. imperativo), sugerindo que se leia 11c *sukŕ̥taḥ* também como acusativo plural. JAMISON (blog, *ad loc.*) aponta, ademais, uma possível ambiguidade no que tange a *sukŕ̥taḥ* na passagem: talvez ele se refira, simultaneamente, aos condutores do sacrifício, ou seja, aos sacrificadores (como acusativo de direção), o que promoveria uma equação entre devotos e deuses.

Seja como for, mais importante é que a raiz √*gr̥̄* "cantar, louvar", que aparece pela primeira vez em 4d *nā́ma gr̥ṇāti* "canta o nome", reaparece em 11d, outra vez caracterizando a ação dos condutores do ritual (os sacrificadores? os deuses?): *gr̥ṇánti váhnayaḥ* "louvam (como) condutores". À sequência de benesses requeridas em 12cd — a saber, "posse de bois e cavalos ... prêmio e bons varões" (*gómad áśvāvat ... vā́jaṃ suvī́riyam*) — somam-se, em 13cd, "riqueza de todo desejável, bem-ornada e fácil de alcançar" (*rayíṃ viśvávāraṃ supéśasam ... súgmiyam*: notar a repetição do prefixo *su-* "bom"). A raiz √*gr̥̄* ressurge ainda em 14c, agora na formulação imperativa *na stómām̐ abhí gr̥ṇīhi* "canta nossos louvores". Pelo fato de Aurora ter favorecido os *ŕ̥ṣis* "videntes" no passado (notar a hendíade *ūtáye ... ávase* "por ajuda ... por auxílio" 14ab), que o faça novamente agora (a sintaxe é elíptica). A estrofe finda com uma figura etimológica da raiz √*śoc/śuc* "fulgurar" (*śukréṇa śocíṣā* "com fulgor fulgurante" 14d), repetida em 4.52.7c.

Em 15a, retoma-se o inst. sg. *bhānúnā* "com luz", que aparecera na figura etimológica em 9a (*bhāhi bhānúnā* "reluz com a tua luz") e corresponde aqui ao expediente por meio do qual Aurora abrirá de par em par o portão celeste (*ví dvā́rāv ṛṇávo diváḥ* "abrires as portas do céu" 15b). Note-se a aliteração da labial aproximante *-v-* (cuja pronúncia exige que os lábios, uma vez próximos, tornem a afastar-se), o que talvez sugira uma certa iconicidade entre o verso e o conteúdo que enuncia. A anáfora de partículas locais, ausente desde a estrofe 10, é retomada em 15cd, aqui encabeçando os *pādas* (*prá no yachatāt ... prá*). Afora "larga proteção infensa ao lobo" (15c), pede-se à deusa que conceda também "bálsamo na forma de vacas" (*gómatīr íṣaḥ* 15d), ecoando assim um de seus atributos evocados no início do poema, "rica em vacas" (*gómatīḥ* 2a).

A última estrofe dá sequência à anáfora de partículas locais com *sám* "com", que, à exceção de 16b, sempre inaugura o *pāda* e retoma, tanto fonética como semanticamente, a estrofe inaugural (*sáha ... sáha* "com ... com" 1ac), em uma espécie de composição em anel. Reforça-se novamente o caráter universal das dádivas da deusa, que surge "com riqueza excelsa dotada de todo ornato ... com clarão que tudo perpassa" (*viśvápeśasā ... viśvatúrā* 16ac). Fechando o hino, o composto *vājinīvati* "ó rica em prêmios de vitória", que retoma o epíteto que conclui a estrofe 6, figura ao lado do substantivo simples que lhe serve de base (*vā́ja-* "prêmio"): *vā́jair vājinīvati* "com prêmios, ó rica em prêmios de vitória". A figura etimológica sumariza, através de um expediente formal, o tema recorrente da parte final do hino — os prêmios almejados pelos devotos, que só uma deusa rica em prêmios é capaz de conceder.

Thiago Mendes Venturott

Hino 1.49

Praskaṇva Kāṇva
anuṣṭubh

1 a úṣo bhadrébhir ā́ gahi
b diváś cid rocanā́d ádhi |
c váhant^{u} aruṇápsava
d úpa tvā somíno gṛhám ||

2 a supéśasaṃ sukháṃráthaṃ
b yám adhyásthā uṣas t^{u}vám |
c ténā suśrávasaṃ jánam
d prā́vādyá duhitar divaḥ ||

3 a váyaś cit te patatríṇo
b dvipác cátuṣpad arjuni |
c úṣaḥ prā́rann ṛtū́m̐r ánu
d divó ántebh^{i}yas pári ||

4 a v^{i}uchántī hí raśmíbhir
b víśvam ābhā́si rocanám |
c tā́ṃ tvā́m uṣar vasūyávo
d gīrbhíḥ káṇvā ahūṣata ||

1 Aurora, vem para cá com teus auspiciosos (raios), do próprio espaço luminoso do céu.
Que te conduzam os (cavalos) de sopro rubro à morada daquele que possui soma.

2 A carruagem de belo ornamento (e) de belo eixo em que tu subiste, ó Aurora,
com ela ajuda hoje o povo de bela fama, ó filha do Céu.

3 Até mesmo os pássaros alados, os bípedes (e) os quadrúpedes, ó prateada
Aurora, puseram-se em movimento segundo o teu tempo, vindos dos confins do céu,

4 pois, brilhando ao longe com teus raios, iluminas todo o espaço luminoso.
És tu, Aurora, que os Kaṇva, ávidos de bens, invocaram com cantos.

Comentário

Este breve hino contém os principais temas dos hinos a Aurora: a aparição da deusa no céu e o pedido para que ela dê, neste momento (*ā́ gahi* "vem para cá" 1a, *adyá* "hoje" 2d), especial atenção aos praticantes do ritual (estrofes 1–2); a resposta das criaturas do mundo à chegada da deusa, as quais se põem em movimento frente àquela cuja vinda é cíclica e regular, marcada por padrões temporais fixos (*ṛtū́-*, cf. abaixo) (estrofe 3); a dispersão da luz divina (4ab) e o refrão do poema ofertado (4cd), com a menção da família que compôs o hino.

A estrofe inicial conta com dois epítetos usados de maneira oblíqua: *bhadrébhiḥ ... aruṇápsavaḥ* "auspiciosos ... os de sopro rubro" (1ac), cujos referentes (*raios auspiciosos* e *cavalos de sopro rubro*), suplementados na tradução, são facilmente recuperáveis. Com frequência, os raios da Aurora são mencionados logo no início dos hinos à deusa (cf. 1.92, 1.113, 6.65, 7.76, 7.78, 7.79 e 7.81), ao passo que *aruṇápsavaḥ* "de sopro rubro" é sujeito do imperativo de terceira pessoa *váhantu* "que eles conduzam" (o mesmo epíteto figura em 5.80.1b *aruṇápsum*, referindo-se, neste caso, à própria deusa).

Fazemos notar, ademais, a sequência *váyaḥ ... patatríṇo dvipác cátuṣpat* "os pássaros alados, os bípedes (e) os quadrúpedes" (3ab). O merisma *dvipác cátuṣpat* "bípedes (e) quadrúpedes" é utilizado em outros hinos para indicar a totalidade das criaturas afetadas pelo raiar da Aurora (cf. 1.124.1d e 4.51.5d), aqui com a adição dos *váyaḥ patatríṇaḥ* "pássaros alados". É recorrente nos hinos à deusa a referência ao fato de ela pôr em movimento todas as criaturas (e.g. 1.113.4–6, 3.61.3, entre outros).

Quanto a *ṛtū́n* "(regras de) tempo" (3c), enfim, trata-se de termo cujo significado básico é "horário", "momento apropriado", mas que pode também referir-se ao curso do tempo, às estações ou servir de sinônimo de *ṛtá-* "verdade, regra". Aqui, o sentido esperado talvez seja "de acordo com teu tempo", "no teu momento habitual", "na tua hora", denotando o movimento das criaturas que se inicia com o raiar do dia.

Caio Geraldes

Hino 1.92

Gotama Rāhūgaṇa
1-4 jagatī, 5-12 triṣṭubh,
13-18 uṣṇih

1 a etā́ u tyā́ uṣásaḥ ketúm akrata
b pū́rve árdhe rájaso bhānúm añjate |
c niṣkr̥ṇvānā́ ā́yudhānīva dhr̥ṣṇávaḥ
d práti gā́vo ^{á}ruṣīr yanti mātáraḥ ||

2 a úd apaptann aruṇā́ bhānávo vŕ̥thā
b s^{u}āyújo áruṣīr gā́ ayukṣata |
c ákrann uṣā́so vayúnāni pūrváthā
d rúśantam bhānúm áruṣīr aśiśrayuḥ ||

3 a árcanti nā́rīr apáso ná viṣṭíbhiḥ
b samānéna yójanenā́ parāvátaḥ |
c íṣaṃ váhantīḥ sukŕ̥te sudā́nave
d víśvéd áha yájamānāya sunvaté ||

4 a ádhi péśāṃsi vapate nr̥tū́r iv^{a}
b ^{á}porṇute vákṣa usréva bárjaham |
c jyótir víśvasmai bhúvanāya kr̥ṇvatī́
d gā́vo ná vrajáṃ v^{i} uṣā́ āvar támaḥ ||

5 a prát^{i} arcī́ rúśad asyā adarśi
b ví tiṣṭhate bā́dhate kr̥ṣṇám ábhvam |
c sváruṃ ná péśo vidátheṣ^{u} añjáñ
d citráṃ divó duhitā́ bhānúm aśret ||

6 a átāriṣma támasas pārám asy^{á}
b ^{u}ṣā́ uchántī vayúnā kr̥ṇoti |
c śriyé chándo ná smayate vibhātī́
d suprátīkā saumanasā́yājīgaḥ ||

7 a bhā́svatī n^{ayi}trī́ sūnŕ̥tānāṃ
b divá stave duhitā́ gótamebhiḥ |
c prajā́vato nr̥váto áśvabudhyān
d úṣo góagrām̐ úpa māsi vā́jān ||

1 Eis que estas Auroras criaram um sinal luminoso. No lado
oriental do espaço escuro, elas untam o raio de luz.
Apresentando-se, como os valentes as armas, as vacas rubras
vêm à frente, as mães.

2 Os raios de luz rubros alçaram voo a bel-prazer. Atrelaram
as vacas rubras, fáceis de atrelar.
As Auroras criaram seu padrão como outrora, um raio de luz
cintilante as rubras acabam de fixar.

3 Elas cantam,[1] como mulheres atarefadas em seus afazeres,
pelo mesmo caminho (vindas) de longe,
trazendo bálsamo ao homem de boa ação, de boas dádivas,
ao que faz sacrifícios, que espreme *soma* dia após dia.

4 Ela semeia sobre si enfeites como uma dançarina, desnuda
o seio como uma vaca o úbere.
Fazendo luz para toda criatura, Aurora abriu as trevas como
vacas o curral.

5 Sua chama cintilante foi vista adiante. Ela espalha-se,
expulsa o vazio negro.
Como (se fixa) uma haste sacrifical nos ritos, seu enfeite,
untando-a, a filha do Céu fixou seu raio de luz brilhante
(e untou-o).

6 Atravessamos para a outra margem das trevas. Aurora,
reluzindo, cria o seu padrão.
Como uma canção, ela, brilhando ao longe, sorri
por esplendor. De belas faces, ela despertou(-nos) para
a bondade.

7 Condutora luminosa de prodigalidades, a filha do Céu é
louvada pelos Gotama.
Concede-nos, Aurora, prêmios ricos em prole, ricos
em homens, fundados em cavalos, coroados com vacas.

---

1 Ou: "brilham".

8 a úṣas tám aśyāṃ yaśásaṃ suvī́raṃ
b dāsápravargaṃ rayím áśvabudhyam |
c sudáṃsasā śrávasā yā́ vibhā́si
d vā́japrasūtā subhage br̥hántam ||

9 a víśvāni devī́ bhúvanābhicákṣyā
b pratīcī́ cákṣur urviyā́ ví bhāti |
c víśvaṃ jīváṃ caráse bodháyantī
d víśvasya vā́cam avidan manāyóḥ ||

10 a púnaḥ-punar jā́yamānā purāṇī́
b samānáṃ várṇam abhí śúmbhamānā |
c śvaghnī́va kr̥tnúr víja āminānā́
d mártasya devī́ jaráyant^{i} ā́yuḥ ||

11 a v^{i}ūrṇvatī́ divó ántām̐ abodh^{i}
b ápa svásāraṃ sanutár yuyoti |
c praminatī́ manuṣ^{i}yā yugā́ni
d yóṣā jārásya cákṣasā ví bhāti ||

12 a paśū́n ná citrā́ subhágā prathānā́
b síndhur ná kṣóda urviyā́ v^{i} aśvait |
c áminatī daív^{i}yāni vratā́ni
d sū́ryasya ceti raśmíbhir dr̥śānā́ ||

13 a úṣas tác citrám ā́ bhar^{a}
b ^{a}smábhyaṃ vājinīvati |
c yéna tokáṃ ca tánayaṃ ca dhā́mahe ||

14 a úṣo adyéhá gomat^{i}
b áśvāvati vibhāvari |
c revád asmé v^{i} ucha sūnr̥tāvati ||

15 a yukṣvā́ hí vājinīvat^{i}
b áśvām̐ adyā́ruṇā́m̐ uṣaḥ |
c áthā no víśvā saúbhagān^{i} ā́ vaha ||

8 Aurora, que eu alcance essa riqueza gloriosa, rica em bons
heróis, fundada em cavalos, com escravos por retoque,
ó tu bem-aquinhoada, que brilhas ao longe com fama dotada
de poder mágico, movida pelo prêmio — (essa riqueza)
excelsa.

9 A deusa, supervisionando todas as criaturas, (como) olho
voltado para elas, brilha ao longe amplamente.
Despertando tudo o que vive para a atividade, ela descobriu
a fala de todo devoto.

10 Nascendo repetidamente, ancestral, ataviando-se com
a mesma cor,
diminuindo o tempo de vida do mortal, ela, a deusa, como
um bem-sucedido ás dos dados a aposta (do adversário),

11 desvelando os confins do céu, ela despertou. Sua irmã,
ela a mantém à parte.
Diminuindo as gerações humanas, a jovem brilha ao longe
com o olho do amante.

12 Brilhante, bem-aquinhoada, dispersando-se como ao gado,
como um rio a sua torrente, ela clareou ao longe
amplamente.
Sem diminuir os preceitos divinos, ela se pôs à vista,
surgindo com os raios do sol.

13 Aurora, traz-nos aqui aquela (dádiva) brilhante, ó rica em
prêmios de vitória,
com que possamos obter tanto prole quanto descendência.

14 Aurora, aqui hoje, ó resplandecente, rica em vacas e cavalos,
brilha fartura para nós, ó pródiga.

15 Atrela, pois, ó Aurora rica em prêmios de vitória, os cavalos
rubros hoje,
então nos conduz todos os bons quinhões.

16 a áśvinā vartír asmád ā́
b gómad dasrā híraṇyavat |
c arvā́g ráthaṃ sámanasā ní yachatam ||

17 a yā́v itthā́ ślókam ā́ divó
b jyótir jánāya cakráthuḥ |
c ā́ na ū́rjaṃ vahatam aśvinā yuvám ||

18 a éhá devā́ mayobhúvā
b dasrā́ híraṇyavartanī |
c uṣarbúdho vahantu sómapītaye ||

16 Aśvins, (fazei) vosso circuito até nós, rico em vacas e ouro,
ó portentosos.
Desatrelai concordes vossa carruagem aqui perto.

17 Vós dois, vós que fizestes vosso chamado (chegar) ao céu e
luz para as gentes,
conduzi sustento para nós, vós dois, ó Aśvins.

18 Os dois deuses, deleite em pessoa, portentosos, de trajeto
dourado — que (os sacerdotes),
despertos com a aurora, os conduzam para (o) beber
(d)o soma.

Comentário

Este hino, como já notara OLDENBERG (1909: 91–2), é extremamente complexo e pode-se dividir em cinco seções, que apresentam, cada uma, uma lógica interna própria, em termos tanto temáticos como formais. Elas são tão divergentes entre si que podem ter representado, quando de sua composição, hinos isolados. Até mesmo a outras divindades volta-se a prece: ainda que a maior parte do hino seja endereçada a Aurora (1–15), as três estrofes finais apelam aos Aśvins (16–18). À parte essa divisão maior, as próprias estrofes a Aurora apresentam divisões formais tão evidentes que é difícil não concordar com OLDENBERG. Coesão formal mais rígida verifica-se apenas nas oito primeiras estrofes, que, como apontam JAMISON & BRERETON (2014: 226), exibem diversas concordâncias lexicais, fraseológicas e imagéticas que vão além do arsenal vocabular comum dos hinos a Aurora, particularmente entre as estrofes 1–2 e 5–6. Por esse motivo, talvez seja lícito supor que as estrofes 1–8 tenham formado uma unidade já quando de sua criação. As estrofes 1–4 e 5–8, ademais, além de partilharem, respectivamente, o mesmo metro (*jagatī* e *triṣṭubh*), parecem, de certa forma, espelhar-se tematicamente, sendo que a primeira parte, à exceção de 4, refere-se a múltiplas Auroras, que na segunda parte se unificam. Pode-se identificar também uma terceira parte (9–12), que, embora partilhe o mesmo metro da segunda, possui vínculos menos evidentes com as duas primeiras e compõe uma unidade própria, sobretudo devido à estabilidade temática e a concordâncias lexicais. A quarta parte, dirigida a Aurora (13–15), bem como a quinta, dirigida aos Aśvins (16–18), exibem, como notam JAMISON & BRERETON (2014: 226), o mesmo metro (*uṣṇih*); são notadamente menos complexas que as anteriores e limitam-se ao chamado para que as divindades compareçam ao sacrifício trazendo dádivas ao devoto.

Há aspectos de coerência interna que talvez justifiquem, ao menos em parte, a inserção das estrofes endereçadas aos Aśvins no fim do hino: os Aśvins, divindades gêmeas, espelham (no dual) as Auroras múltiplas (no plural) das estrofes iniciais e fazem com que a Aurora (no singular) figure no centro do poema; os Aśvins, ademais, além de terem certo grau de parentesco com a Aurora — sendo denominados "netos do Céu" (*divó napātā*, cf. 1.117.12b, 182.1d, 184.1d; 4.44.2b;

10.61.4b)[1] e aliados ao surgimento dela (e.g. 10.39.12) —, também se relacionam com a deusa imageticamente, uma vez que ela é *áśvāvant-* "rica em cavalos" (14b), e *aśvin-* nada mais é que uma formação possessiva da palavra para cavalo (*aśva-*). Também em 4.52, hino endereçado a Aurora, os deuses gêmeos fazem a sua incursão (2–3). Outro aspecto talvez relevante é a distribuição dos modos verbais no corpo do poema: modos deônticos tais como o optativo, o imperativo e o subjuntivo, que tão comumente abrem os hinos a Aurora, só aparecem aqui nas estrofes 7–8, as quais compõem o miolo das estrofes dedicadas a Aurora (1–15); o poeta retoma então brevemente o indicativo das estrofes iniciais para, com a estrofe 13, regressar ao modo deôntico, que prepondera até o fim das estrofes a Aurora e se estende até a seção endereçada aos Aśvins. Tem-se, pois, a seguinte divisão do hino 1.92, levando em conta os pontos mencionados acima:

<table>
<tr><th>Parte</th><th>Estrofes</th><th>Metro</th><th>Divindade</th><th>Número</th><th>Modo verbal</th></tr>
<tr><td>1</td><td>1-4</td><td>jagatī</td><td rowspan="4">Aurora(s)</td><td>plural</td><td>indicativo</td></tr>
<tr><td>2</td><td>5-8</td><td rowspan="2">triṣṭubh</td><td rowspan="3">singular</td><td>deôntico</td></tr>
<tr><td>3</td><td>9-12</td><td>indicativo</td></tr>
<tr><td>4</td><td>13-15</td><td rowspan="2">uṣṇih</td><td rowspan="2">deôntico</td></tr>
<tr><td>5</td><td>16-18</td><td>Aśvins</td><td>dual</td></tr>
</table>

Primeira parte (1–4)

O hino inicia com uma duplicação de dêiticos (<u>*etā́*</u> *u* <u>*tyā́*</u> *uṣásaḥ* "eis que estas auroras" 1a), que sinaliza a presença palpável das deusas no ritual e reaparece, de forma análoga, em 4.51.1ab <u>*idám*</u> *u* <u>*tyát*</u> *... jyótiḥ* "ela, essa luz".[2] Aqui, a temporalidade da ação das deusas é logo marcada pelo aoristo *akrata* "fez" (1a), que designa o passado imediato, com o qual contrastam os presentes *añjate* "untam" (1b) e *yanti* "vêm" (1d). Quanto a *akrata* "fez", trata-se de forma médio-passiva normalmente vertida como "fizeram, criaram (para si)", regendo *ketúm* "sinal lumi-

1 Ver WEST (2022: 212–17).

2 Ver Apêndice, item 2.11.

noso" (1a). Há também a possibilidade, aventada por JAMISON (blog, *ad loc.*), de se ler a forma média como "fizeram de si mesmas", i.e., tornaram-se um sinal luminoso. Outra constelação sintática interessante na estrofe é o particípio *niṣkr̥ṇvānā́ḥ* (1c), que se aplica tanto às deusas como aos valentes no símile. Referindo-se às deusas, a forma é intransitiva e exibe sentido reflexivo ("apresentando-se"), ao passo que, referindo-se aos valentes, é transitiva, com "armas" (*ā́yudhāni* 1c) por objeto direto: "apresentando-se (as deusas) como os valentes (apresentam) as armas".

As "vacas rubras" comparecem em estrofes contíguas (*gā́vo áruṣīḥ* 1d, *áruṣīr gā́ḥ* 2b), com constituintes internos em ordem inversa, os quais ecoam os "raios rubros" (*aruṇā bhānávaḥ* 2a) do *pāda* que as intercala. A configuração sintática de 2b não é óbvia; a leitura mais comum é tomar *gā́ḥ* "vacas" como acusativo plural, objeto direto da forma médio-passiva *ayukṣata* "atrelaram", cujo sujeito pode ser tanto o tópico discursivo da estrofe anterior (i.e., as Auroras) quanto o sujeito sintático mais próximo (i.e., os raios rubros): "elas/eles atrelaram (para si) as vacas rubras, fáceis de atrelar". Uma alternativa seria considerar *gā́ḥ* como nominativo plural (cf. *nā́vaḥ* "navios", acus. pl. *nā́vaḥ*), de sorte que *ayukṣata* exibiria sentido passivo: "as vacas rubras ... atrelaram-se/foram atreladas".[3] Seja como for, a ambiguidade sintática reforça o laço temático que une raios e vacas rubros. Note-se a figura etimológica em 2b: *suā<u>yúj</u>aḥ* "fáceis de atrelar" ... *a<u>yuk</u>ṣata* "atrelaram" (√*yuj* "atrelar"). Demais ecos interestróficos dignos de nota consistem em *bhānú-* "raio" (acus. sg. *bhānúm* 1b, 2d, nom. pl. *bhānávaḥ* 2a), *pū́rva-* "oriente, anterior" (*pū́rve* 1b, *pūrváthā* 2c), √*kr̥* "fazer, criar" (*a-kr-ata* 1a, *niṣ-kr̥-ṇvānā́ḥ* 1c, *a-kr-an* 2c). No tocante a √*kr̥* "fazer", o aoristo médio *akrata* "criaram", com que finda o *pāda* 1a, é retomado pelo aoristo ativo *akran* "criaram" que abre o *pāda* 2c. Analogamente, a partícula local *út* "para cima", que encabeça o *pāda* 2a (*út* √*pat* "voar para cima"), figura em paralelo à partícula local *práti* "à frente", que encabeça o *pāda* 1d, imediatamente anterior (*práti* √*i* "(v)ir à frente"): a ação de alçar voo quando da chegada da(s) Aurora(s) é expressa através de um paralelismo sintático, de forma paratática. Vale notar que quem normalmente "alça voo" são, claro, seres animados e alados (e.g. 1.48.5d <u>*út*</u> *<u>pāt</u>ayati*

3 Cf. SCARLATA (1999: 424, n. 600).

pakṣíṇaḥ "faz os alados alçar voo"), mas em 2a são, metaforicamente, os raios rubros que o fazem.

A raiz *√arc/r̥c* inaugura a estrofe 3, raiz dúbia que pode significar tanto "cantar" como "brilhar" e que, no contexto dos hinos a Aurora, tende a ser interpretada como "brilhar"; no contexto de um símile cuja referência são mulheres a trabalhar, no entanto, seria de se esperar "cantar" como sentido primário. Trata-se, talvez, de um jogo de palavras, como sugere JAMISON (blog, *ad loc.*): no que tange às Auroras, o sentido secundário de "cantar" é plausível, na medida em que os pássaros começam a cantar ao amanhecer, momento em que também começa a recitação ritual; da mesma forma, também se pode dizer que mulheres "cintilam", caso se leve em conta o suor de seu trabalho, o que de fato se aplica ao contexto (*nā́rīr apáso ná viṣṭíbhiḥ* "como mulheres atarefadas em seus afazeres" 3a). Note-se, enfim, a repetição de *su-* "bom" em *sukŕ̥te sudā́nave* "(homem) de boa ação, de boas dádivas" (3c).[4]

Na estrofe 4, vê-se mais uma vez a oposição entre partículas locais componentes de sintagmas verbais: *ádhi péśāṁsi vapate* "sobre si semeia enfeites" (4a), *áporṇute* (= *ápa ūrṇute*) *vákṣaḥ* "desnuda o seio" (4b) como uma vaca o úbere.[5] Os *pādas* cd, em contrapartida, são bastante formulares: *jyótiṣ- √kr̥* "fazer luz" é formular no contexto dos hinos a Aurora e ocorre novamente em 17b com relação aos Aśvins, bem como o fato de iluminar/despertar todas as criaturas (e.g. 1.113.4–6d).[6] Formular é também o fato de a Aurora abrir/afastar a escuridão,[7] adiante identificada como sua irmã (11b), dado o fato de a noite, quando o sol nasce, dar gradativamente lugar à luz do dia. As vacas são retomadas aqui, fechando, em uma espécie de composição em anel, essa primeira seção do hino; note-se a repetição da raiz *√var/vr̥* "cobrir" nos *pādas*

---

4 E, logo adiante, *sunvaté* "ao que espreme" (3d): neste último caso, porém, trata-se não do prefixo, mas da raiz verbal *√su* "espremer".

5 O símile é de todo peculiar, sobretudo pelo fato de o úbere das vacas nunca estar encoberto. O fato de *bárjaha-* "úbere" ser um hápax (cf., no entanto, o dual *barjahyè* no Atharva Veda (Śaunaka) (AVŚ 11.8.14)) não facilita a interpretação. Ver discussão em JAMISON (blog, *ad loc.*).

6 Cf. Apêndice, itens 2.2 e 2.6.

7 Cf. Apêndice, item 2.3.

4bd (respectivamente, *ápornute* = *ápa ūrṇute* "desnuda" e *ví āvaḥ* "abriu", cada qual com prevérbio e tempo verbal diversos). Importante, enfim, é o fato de a estrofe 4 já falar em uma única Aurora, em oposição às estrofes anteriores, servindo de transição à segunda parte do hino.

Segunda parte (5–8)

O movimento da primeira para a segunda parte do hino corresponde ao movimento das Auroras (no plural) para a Aurora (no singular). É ela que expulsa (*bā́dhate* 5b) o vazio negro (*kṛṣṇám ábhvam* 5b), uma elaboração da imagem que conclui a estrofe anterior ("Aurora abriu as trevas como as vacas o curral" 4d). "Expulsar o vazio negro" (5b) é uma variante da fórmula *támas-* √*bādh* "expulsar as trevas".[8] Mais conspícuo, entretanto, é o fato de a estrofe 5 retomar numerosos elementos vocabulares da primeira parte: *bhānú-* "raio" e √*añj* "untar" (1b), √*śri* "fixar" (2d), √*arc/ṛc* "cantar, brilhar" (3a) e *péśas-* "enfeite" (4a). Inaugura-se, assim, como que um "segundo hino", no qual esses elementos, aplicados às Auroras (no plural), agora se referem à Aurora (no singular). O nexo com as estrofes precedentes é reforçado pelo símile em 5cd, que traz o particípio masculino *añján* "untando", de que a "filha do Céu" (*divó duhitā́* 5d) não pode ser sujeito. Para que o condutor do sacrifício (sujeito do particípio) unte a haste sacrificial (*svárum* 5c), é necessário, por um lado, que, antes, a fixe; uma vez que a Aurora fixou seu raio de luz (*bhānúm aśret* 5d) é presumível, por outro lado, que ela o unte posteriormente, como fazem as Auroras em 1b (note-se, com JAMISON (blog, *ad loc.*), que *bhānúm* "raio de luz" já aparecera como objeto tanto de √*añj* "untar" em 1b quanto de √*śri* "fixar" em 2d). Assim, é possível que o escopo de √*añj* se estenda à Aurora, ao passo que o escopo de √*śri* ao (inominado) condutor do sacrifício. Note-se, enfim, a recorrência de √*arc/ṛc* "cantar, brilhar", aqui no substantivo *arcíḥ* "chama" (5a), que é cintilante (*rúśant-*) tal qual o feixe de luz das Auroras em 2d.

As trevas abertas pelas Auroras na estrofe 4 são retomadas aqui, mas agora são os condutores do ritual que agem sobre elas, atravessando-as (6a). Os padrões que as Auroras criaram (*ákrann uṣā́so vayúnāni*

8 Cf. Apêndice, item 2.2.

2c) também reaparecem, mas no presente e no singular, em 6b (*uṣā́* ... *vayúnā kr̥ṇoti*). *Chándaḥ* (6c) é algo problemático; GELDNER (1951) considera a palavra um adjetivo temático com significado próximo de "(aquele que quer) agradar", dada a base derivacional *chand-* "canção, louvor", solução adotada por todas as traduções. Mas talvez seja possível interpretá-la como "(verso metrificado →) canção", dada a interpretação de JAMISON (blog, *ad loc.*) de 8.7.36b *chándaḥ* como "verso metrificado".

Seja como for, salta aos olhos que o primeiro imperativo do hino só venha à tona em 7d: *úpa māsi* "concede(-nos)", acompanhado, como seria de se esperar, dos atributos caracterizando a dádiva desejada. Note-se a figura etimológica (embora não mais semântica) entre *sūnŕ̥tānām* "prodigalidades" (7a) e *nr̥vátaḥ* "ricos em homens" (7c). A aparição do imperativo é reforçada, na estrofe seguinte, pelo optativo *aśyām* "que eu alcance" (8a), com alguns ecos vocabulares: *áśvabudhyān* (7c) ~ *áśvabudhyam* (8b) "fundado em cavalos", *vā́jān* "prêmios" (7d) ~ *vā́japrasūtā* "movida pelo prêmio" (8d).[9]

Terceira parte (9–12)

O fato de as estrofes 9–12 serem, como notado acima, menos conexas com as demais não implica que estejam de todo flutuando no hino. Salta aos olhos, por exemplo, em oposição às estrofes anteriores, a ausência de modos deônticos (optativo/imperativo/subjuntivo), que só serão retomados na quarta parte. A terceira parte parece retomar o tom descritivo das estrofes iniciais, na qual prepondera o modo indicativo e se elaboram as ações da deusa.

No tocante a expedientes retóricos, a estrofe 9 apresenta um poliptoto triplo de *víśva-* "todos" na abertura de *pāda* (9acd), que destaca a universalidade do campo de ação da deusa: supervisionando todas as criaturas (9a), despertando tudo o que vive para a atividade (9c), ela descobriu a fala de todo devoto (9d). Note-se, ademais, a figura etimológica *abhicákṣya* "supervisionando" ... *cákṣuḥ* "olho" (~ visão") (9ab). Já *víśvāni* ... *bhúvanā* "todas as criaturas" (9a) retoma no plural *víśvasmai*

9 No plano semântico, notar ainda *nr̥vátaḥ* ~ *suvī́ram* "ricos em homens/bons heróis" (7c, 8a).

bhúvanāya "para toda criatura" (4c), como observa RENOU (*ÉVP* 3: 39). A estrofe 10, por sua vez, traz mais uma vez à tona a dualidade da Aurora: ao dizer que ela "nasce repetidamente, (embora seja) ancestral" (10a), e "se atavia com as mesmas cores" (10b), dá-se nova forma à oposição entre as Auroras múltiplas e una, representadas, respectivamente, pela primeira e segunda partes do hino. *Várṇam abhí √śubh* "ataviar-se com cor" (10b) faz lembrar *péśāṃsi ádhi √vap* "pôr enfeites sobre si" (4a): talvez uma busca intencional por variação poética. A raiz *√vr̥* (*áporṇute, ví ... āvaḥ* 4bd) recorre aqui no particípio *viūrṇvatī́* "desvelando", que abre a estrofe 11; em sentido oposto, a raiz *√budh* "despertar", que aparecera no particípio causativo *bodháyantī* "despertando" (9c), ressurge no aoristo intransitivo *abodhi* "despertou", que fecha o *pāda* 11a. O nominativo *subhágā* "bem-aquinhoada" (12a) retoma, por sua vez, o vocativo *subhage* (8d).

Afora esses pontos de contato de ordem menor, o nexo mais importante entre as estrofes 9–12 reside na insistência da raiz *√mī* "diminuir, reduzir", que figura em posição de destaque ao fim de 10c *āminānā́* "diminuindo", na abertura de 11c *praminatī́* "diminuindo" (paralelamente à abertura de 11a *viūrṇvatī́* "desvelando") e, mais uma vez, na abertura de 12c *áminatī* "sem diminuir", sublinhando assim que a Aurora, se é responsável por diminuir o tempo restante aos mortais (10–11), não diminui os preceitos divinos (12). Note-se que os *pādas* 11c e 12c são particularmente conexos no tocante à sua estrutura e espelham-se, sobrepondo os planos humano e divino: *praminatī́ manuṣíyā yugā́ni* "diminuindo as gerações humanas" (11c) vs. *á̲minatī daíviyāni vratā́ni* "não diminuindo os preceitos divinos" (12c).

Quarta parte (13–15)

É só na quarta parte, como fizemos notar, que se retoma o modo deôntico, ausente desde a estrofe 8; ele é onipresente nas estrofes 13–15 e se estende até o fim do hino. O pedido endereçado à deusa, quando da primeira aparição do modo imperativo, de que conceda *prajā́vato nr̥váto áśvabudhyān ... góagrān ... vā́jān* "prêmios ricos em prole, ricos em homens, fundados em cavalos, coroados com vacas" (7cd), é condensado aqui em *citrám* "(dádiva) brilhante" (13a), com a qual, no entanto, se espera obter *tokáṃ ca tánayaṃ ca* "tanto prole como descendência" (13c), recuperando assim o conteúdo semântico dos adjetivos *prajā́vataḥ* "ricos em prole" e *nṛvátaḥ* "ricos em homens" (7c). Em 14c *revád asmé ví ucha*, talvez se possa ler, com GELDNER (1951), o neutro *revát* "riqueza, fartura" como um substantivo, de sorte que a construção significaria "brilha fartura para nós", i.e., "concede-nos fartura ao brilhar", o que é elaborado em 15c *áthā no víśvā saúbhagāni ā́ vaha* "então nos conduz todos os bons quinhões". Chega-se assim, com uma prece por bonança (note-se *ā́ vaha* "conduz para cá" ao fim da estrofe, recuperando *ā́ bhara* "traz para cá" ao fim de 13a), ao término da parte do poema dedicada a Aurora.

Quinta parte (16–18)

A mudança no destinatário do hino faz-se clara logo na abertura da estrofe 16, com o vocativo dual *áśvinā* "ó Aśvins". Pede-se aos deuses que venham "até nós" (*asmád ā́* 16a) e desatrelem sua carruagem, movimento semelhante ao que se pedira a Aurora anteriormente. Note-se a recorrência da partícula local *ā́* "aqui, para cá" nas estrofes finais, que ocorre 6 vezes desde a estrofe 13 (*ā́ bhara* "traz para cá" 13a, *ā́ vaha* "conduz para cá" 15c, *asmád ā́* "até nós" 16a, *ā́* ... *ā́ naḥ* "para cá ... para nós" 17ac, *éhá* [= *ā́ ihá*] "para cá" 18a), reforçando o *hic et nunc* do hino e da prece. Cabe assinalar que o sujeito de *ā́* ... *vahantu* "que conduzam para cá" (18ac) são os *uṣarbúdhaḥ* "os despertos com a Aurora" (18c), em referência aos sacerdotes (elípticos).

Digno de nota é, enfim, o já mencionado fato de que *jyótiḥ* ... *cakráthuḥ* "vós dois fizestes luz" (17b) recupera, no perfeito dual, a formulação participial *jyótiḥ* ... *kṛṇvatī́* "fazendo luz" (4c). Quanto a *cakráthuḥ* "vós dois fizestes", talvez seu escopo possa ser estendido ao *pāda* anterior, que não possui predicado. É essa a hipótese de JAMISON (blog, *ad loc.*), que sugere ler o verbo duplamente: no *pāda* 17b, com *jyótiḥ* "luz" por objeto ("fizestes luz"), e no *pāda* 17a, com *ślókam* "chamado" por objeto: "fizestes seu chamado" (chegar) ao céu. Preferimos uma leitura espacial do sintagma ablativo *ā́ diváḥ* "até o céu", tomando-o assim como paralelo a *asmád ā́* "até nós" (16a).[10]

Thiago Mendes Venturott

---

10 Notar formulação semelhante em outro hino a Aurora (3.61.4d): *ā̱́ntād* [= *ā́ ántad*] ... *diváḥ papratha* "aos confins do céu ela se estende".

Hino 1.113

Kutsa
triṣṭubh

1 a idáṃ śréṣṭhaṃ jyótiṣāṃ jyótir ā́gāc
b citráḥ praketó ajaniṣṭa víbhvā |
c yáthā prásūtā savitúḥ savā́yam̐
d evā́ rā́tr[ī] uṣáse yónim āraik ||

2 a rúśadvatsā rúśatī śvet[i]yā́gād
b ā́raig u kr̥ṣṇā́ sádanān[i] asyāḥ |
c samānábandhū amŕ̥te anūcī́
d dyā́vā várṇaṃ carata āminā́né ||

3 a samānó ádhvā svás[a]ror anantás
b tám anyā́nyā carato deváśiṣṭe |
c ná methete ná tasthatuḥ suméke
d náktoṣā́sā sámanasā vírūpe ||

4 a bhā́svatī n[ay][i]trī́ sūnŕ̥tānām
b áceti citrā́ ví dúro na āvaḥ |
c prā́rpyā jágad v[í] u no rāyó akhyad
d uṣā́ ajīgar bhúvanāni víśvā ||

5 a jihmaś[í]ye cáritave maghón[ī]
b ābhogáya iṣṭáye rāyá u tvam |
c dabhrám páśyadbhya urviyā́ vicákṣa
d uṣā́ ajīgar bhúvanāni víśvā ||

6 a kṣatrā́ya tvaṃ śrávase tvam mahīyā́
b iṣṭáye tvam ártham iva tvam ityaí |
c vísadr̥śā jīvitā́bhipracákṣa
d uṣā́ ajīgar bhúvanāni víśvā ||

7 a eṣā́ divó duhitā́ práty adarśi
b v[i]uchántī yuvatíḥ śukrávāsāḥ |
c víśvasyéśānā pā́rthivasya vásva
d úṣo adyéhá subhage v[í] ucha ||

1 Esta mais esplêndida luz das luzes chegou; nasceu o sinal
brilhante, de amplo alcance.
Tal como impelida (= a Aurora) para o impulso de Savitar,
assim a Noite deixou o útero para a Aurora.

2 Com seu novilho rutilante, eis que ela, rutilante e branca,
chegou; a negra (= Noite) deixou-lhe os seus assentos.
De mesmos laços (de parentesco), imortais, um após o outro,
ambos, Dia (e Noite), seguem permutando suas cores.

3 O trajeto de ambas as irmãs é o mesmo, interminável;
seguem-no uma e outra, ordenadas pelos deuses.
Não se opõem nem se detêm, bem firmes (embora), Noite e
Aurora, concordes (porém) distintas na forma.

4 Condutora luminosa de prodigalidades, ela surgiu brilhante,
abriu-nos as portas.
Tendo instigado adiante o mundo animado, ela nos revelou
riquezas. Aurora despertou todas as criaturas.

5 O que jaz de través, a generosa (despertou-o) para mover-se,
um tal (outro) para buscar riqueza em proveito próprio,
os de vista fraca, para enxergar ao longe amplamente.
Aurora despertou todas as criaturas.

6 (Despertou) um ao domínio, outro à fama, outro a buscar
grandeza, outro a rumar como a seu destino.
Distintos são os seres vivos naquilo que têm em vista.
Aurora despertou todas as criaturas.

7 Esta filha do Céu surgiu à frente, brilhando ao longe, jovem
em vestes fulgurantes.
Reinando sobre todo o bem terrestre, ó Aurora
bem-aquinhoada, brilha ao longe aqui hoje.

8 a parāyatīnā́m án^{u} eti pā́tha
b āyatīnā́m prathamā́ śáśvatīnām |
c v^{i}uchántī jīvám udīráyant^{i}
d uṣā́ mr̥táṃ káṃ caná bodháyantī ||

9 a úṣo yád agníṃ samídhe cakártha
b ví yád ā́vaś cákṣasā sū́r^{i}yasya |
c yán mā́nuṣān yakṣyámāṇām̐ ájīgas
d tád devéṣu cakr̥ṣe bhadrám ápnaḥ ||

10 a kíyāt^{i} ā́ yát samáyā bhávāti
b yā́ v^{i}ūṣúr yā́ś ca nūnáṃ v^{i}uchā́n |
c ánu pū́rvāḥ kr̥pate vāvaśānā́
d pradī́dhyānā jóṣam anyā́bhir eti ||

11 a īyúṣ ṭé yé pū́rvatarām ápaśyan
b v^{i}uchántīm uṣásam márt^{i}yāsaḥ |
c asmā́bhir ū nú praticákṣ^{i}yābhūd
d ó té yanti yé aparī́ṣu páśyān ||

12 a yāvayáddveṣā r̥tapā́ r̥tejā́ḥ
b sumnāvárī sūnŕ̥tā īráyantī |
c sumaṅgalī́r bíbhratī devávītim
d ihā́dyóṣaḥ śréṣṭhatamā v^{í} ucha ||

13 a śáśvat puróṣā́ v^{í} uvāsa dev$^{ī́}$
b átho adyédáṃ v^{í} āvo maghónī |
c átho v^{í} uchād úttarām̐ ánu dyū́n
d ajárāmŕ̥tā carati svadhā́bhiḥ ||

14 a v^{í} añjíbhir divá ā́tās^{u} adyaud
b ápa kr̥ṣṇā́ṃ nirṇíjaṃ dev$^{ī́}$ āvaḥ |
c prabodháyant^{ī} aruṇébhir áśvair
d $^{ā́}$ ^{u}ṣā́ yāti suyújā ráthena ||

8 Daquelas que se afastam ela segue o rebanho, daquelas
que se aproximam uma após a outra ela é a primeira,
a Aurora, brilhando ao longe, instigando o ser vivo,
sem despertar morto algum.

9 Aurora, que tenhas feito atiçar o fogo, que tenhas brilhado
ao longe com o olho do sol,
que tenhas despertado os filhos de Manu prestes a sacrificar
— eis um ganho auspicioso que angariaste entre os deuses.

10 Quanto (será) até que ela esteja no meio daquelas que
brilharam ao longe e que brilharão ao longe agora?
Mugindo, ela anseia pelas precedentes; previdente, ela vai
de bom grado com as demais.

11 Eles se foram, os mortais que viram a primeira Aurora
brilhar ao longe.
Por nós agora ela passou a ser contemplada, e já se
aproximam os que (a) verão no futuro.

12 Rechaçando a hostilidade, guardiã da verdade, nascida
da verdade, benigna, suscitando prodigalidades,
de bons presságios, portadora da busca pelos deuses
— aqui hoje, ó Aurora, brilha ao longe como a mais
esplêndida.

13 Outrora, uma após a outra, Aurora brilhou ao longe, a deusa,
e hoje ela brilhou ao longe aqui, a generosa,
e brilhará ao longe nos dias por vir. Sem envelhecer, imortal,
ela avança segundo hábitos próprios.

14 Ela raiou ao longe com seus ornamentos nos umbrais do céu;
a deusa desvelou a veste negra.
Fazendo despertar com seus cavalos rubros, a Aurora vem
para cá com a sua carruagem bem atrelada.

15 a āváhantī póṣ^{i}yā vā́r^{i}yāṇi
b citrám̐ ketúm̐ kr̥ṇute cékitānā |
c īyúṣīṇām upamā́ śáśvatīnāṃ
d vibhātīnā́m prathamóṣā́ v^{í} aśvait ||

16 a úd īrdh^{u}vaṃ jīvó ásur na ā́gād
b ápa prā́gāt táma ā́ jyótir eti |
c ā́raik pánthāṃ yā́tave sū́r^{i}yāy^{a}
d ^{á}ganma yátra pratiránta ā́yuḥ ||

17 a syū́manā vācá úd iyarti váhni
b stávāno rebhá uṣáso vibhātī́ḥ |
c adyā́ tád ucha gr̥ṇaté maghon^{i}
d asmé ā́yur ní didīhi prajā́vat ||

18 a yā́ gómatīr uṣásaḥ sárvavīrā
b v^{i}uchánti dāśúṣe márt^{i}yāya |
c vāyór iva sūnŕ̥tānām udarké
d tā́ aśvadā́ aśnavat somasútvā ||

19 a mātā́ devā́nām áditer ánīkaṃ
b yajñásya ketúr br̥hatī́ ví bhāhi |
c praśastikŕ̥d bráhmaṇe no v^{í} uch^{a}
d ā́ no jáne janaya viśvavāre ||

20 a yác citrám ápna uṣáso váhant^{i}
b ījānā́ya śaśamānā́ya bhadrám |
c tán no mitró váruṇo māmahantām
d áditiḥ síndhuḥ pr̥thivī́ utá dyaúḥ ||

15 Conduzindo para cá bens de valor vicejantes, ela faz-se um
brilhante sinal luminoso, ela própria brilhante
ao extremo.
Última das que passaram, uma após a outra, primeira
das que brilham ao longe, ao longe Aurora alvoreceu.

16 Erguei-vos! A força de vida veio até aqui para nós. Para
longe, adiante foi a escuridão, para cá vem chegando a luz.
Ela deixou o caminho para o sol avançar. Chegamos ao ponto
em que eles prolongam o tempo de vida.

17 Com a rédea da fala, o condutor (do ritual), o (cantor) de voz
crepitante (= Agni), ao ser louvado instiga as Auroras
que brilham ao longe.
Brilha hoje, então, ó generosa, ao que te canta! Para nós
irradia cá embaixo tempo de vida cheio de progênie.

18 Ricas em vacas, dotadas de heróis sãos, as Auroras
que brilham ao longe para o devoto mortal
no entoar do canto das prodigalidades como (no) de Vāyu
— que aquele que espreme o *soma* as alcance, doadoras
de cavalos.

19 Mãe dos deuses (que és), rosto de Aditi, sinal luminoso
do sacrifício, excelsa — brilha ao longe!
Criadora de louvores, brilha ao longe para nossa fórmula
sagrada, engendra(-a) entre nossa gente, ó tu que dispões
de todos os bens.

20 O ganho brilhante que as Auroras conduzem ao industrioso
sacrificador, o auspicioso (ganho)
— que Mitra e Varuṇa nos concedam-no, e Aditi e o Rio
e a Terra e o Céu!

Comentário

A estrutura deste hino, particularmente longo com suas 20 estrofes, parece ser tríplice: uma primeira seção dedicada a anunciar a chegada da deusa (estrofes 1–7), uma seção central que reflete sobre a unidade e a multiplicidade da Aurora (estrofes 8–15) e uma terceira seção cujo propósito é desenvolver os eventos centrais do ritual (estrofes 16–20).[1]

A primeira seção (1–7) contém duas partes temáticas distintas. Na primeira (1–3), o poeta joga com o contraste e a semelhança entre as irmãs Noite e Aurora, que se alternam em sua sede celeste. A segunda parte temática (4–6), na qual se ressalta que a deusa desperta cada criatura diversa a um modo de agir distinto, deságua no estribilho "Aurora despertou todas as criaturas". O fecho a essa primeira seção é dado pela estrofe 7.

A segunda seção (8–15), na qual a Aurora atual é aquela que segue as Auroras anteriores e a primeira das que ainda virão, desenvolve o tema das múltiplas Auroras e do passar do tempo indicado pela sua sucessão. Este tema, por sua vez, enseja comentários sobre a mortalidade dos homens e a continuidade do ritual. Quase todas as estrofes desta seção apresentam variantes de *ví √vas/uṣ* "brilhar ao longe", salvo 14–15, que, no entanto, contêm respectivamente as formas *ví ... adyaut* "raiou ao longe" (14a) e *ví aśvait* "alvoreceu ao longe" (15d) — variações sobre o mesmo tema.

A terceira e última seção (16–20) inicia com uma exortação dirigida aos espectadores do ritual: *úd īrdhuvam* "erguei-vos!" (16a). Explicita-se o motivo em seguida, na mesma estrofe: *áganma yátra pratiránta ā́yuḥ* "chegamos ao ponto em que eles prolongam o tempo de vida" (16d). Retorna-se, assim, ao tema da mortalidade tratado na seção anterior. Temas próprios do ritual aparecem a seguir. O fogo ritual, ou antes o deus Agni, é mencionado de forma oblíqua na estrofe 17, com sua "voz crepitante"; outras divindades importantes para o ritual figuram nas estrofes 18–20, em meio a menções feitas a devotos e poetas.

---

1 Para um comentário deste hino, com ênfase em suas estrofes centrais (estrutura em "ônfalo"), ver MACEDO (2010: 190–8, trad. 380–2).

Primeira parte (1–7)

Primeira seção (1–3)

Nas duas primeiras estrofes do hino, a chegada da deusa Aurora e o consequente término da noite são anunciados por meio de verbos no aoristo, que denotam ações que acabam de ocorrer (*agāt* "chegou" 1a, *ajaniṣṭa* "nasceu" 1b, *āraik* "deixou" 1d, *agāt* "chegou" 2a, *ā́raik* "deixou" 2b). Produz-se, assim, a impressão de que o momento da performance acompanha o evento natural, algo também reforçado pela primeira palavra do poema, o pronome demonstrativo *idám* "esta", que modifica a "mais esplêndida luz das luzes". A deusa Noite "deixou o útero" (ou "cedeu lugar", cf. 1.124.8a) em favor da Aurora (*rā́trī uṣáse yónim āraik* 1d) tal como esta é impelida por Savitar, em um *pāda* que brinca com a repetição de formas da raiz √*sav/sū* "impelir", incluindo o nome próprio do deus Savitar, o Impelidor: *prá<u>sū</u>tā <u>Sav</u>itúḥ <u>sav</u>ā́ya* "impelida para o impulso do Impelidor" (1c). Supõe-se aqui que a referência do particípio passivo *prásūtā* "impelida" seja a deusa Aurora, mas não se pode descartar a interpretação de que a impelida é a Noite, como faz boa parte dos tradutores. JAMISON (blog, *ad loc.*), porém, defende que o contraste entre as deusas, explorado ao longo das três primeiras estrofes, é sinal de que Aurora seja o referente. Uma alternativa, igualmente plausível, seria supor que o contraste se dê entre os dois hemistíquios: 1ab trataria da Aurora; 1cd, da Noite. O contraste entre as deusas é reforçado pelas menções às cores de ambas, a branca (*śvetiyā́* 2a) Aurora e a negra (*kr̥ṣṇā́* 2b) Noite, aquela tanto mais fúlgida pela repetição de *rúśat-* "rutilante" tanto como atributo da deusa quanto do novilho que a acompanha: *<u>rúśad</u>vatsā <u>rúśatī</u>* "com seu novilho rutilante ... ela, rutilante" (2a). Uma acaba de chegar, a outra, de partir: ambos os verbos (*agāt* "chegou" 2a, *ā́raik* "deixou" 2b), dispostos na fronteira entre os *pādas*, são emoldurados pelos seus respectivos sujeitos, a branca e a negra, sublinhando a oposição: *śvetiyā́gād | ā́raig u kr̥ṣṇā́* "a branca chegou, a negra deixou" (sujeito–verbo–verbo–sujeito).

Agora, na estrofe 2, a noite deixa à sua contraparte os seus "assentos" (*sádanāni* 2b), em contraste com o "útero" (*yóni-*) deixado na estrofe anterior (1d). Ambos os termos parecem ter referências diversas: o primeiro designa o espaço ocupado no céu pelas deusas, levando em conta que ambas são eventos meteorológicos; o segundo talvez seja uma alusão ao *barhís*, espécie de leito de grama preparado para a recepção hospitaleira das divindades no ritual, no qual elas são convidadas a sentar-se (cf. 1.104.1a, hino também composto por Kutsa: *yóniṣ ṭa indra niṣáde akāri* "foi feito para ti, ó Indra, o útero para sentar-te").

Os *pādas* 2cd introduzem o desenvolvimento do tema da troca de lugar no céu entre as deusas, aqui descritas na forma do dual feminino *dyā́vā*, literalmente "os dois dias", ou antes as duas metades do dia, isto é, o dia e a noite: distintas na cor, ambas se igualam em seus atributos, expressos igualmente no dual: imortais, elas dividem os laços de parentesco (*samānábandhū amŕ̥te* 2c). Tal harmonia é desenvolvida na estrofe seguinte. Se são os mesmos os laços que as unem (*<u>samāná</u>bandhū* 2c), mesmo (*<u>samānáḥ</u>* 3a) é também o trajeto das irmãs, que, concordes, possuem igual mentalidade (*<u>sámanas</u>ā* 3d = *sá-manas-*). Sublinha-se, ainda, a união entre ambas por meio de duas negações: elas não se opõem, não se detêm (*<u>ná</u> methete <u>ná</u> tasthatuḥ* 3c), a despeito de bem firmes (*suméke* 3c) e diversas em suas formas (*vírūpe* 3d).

Vale notar, ainda, que o nexo entre as estrofes 2 e 3 é promovido pela raiz *car-* "seguir", com dois sentidos e construções sintáticas distintas. No fecho da estrofe 2, o verbo insere-se em uma construção perifrástica com o particípio dual *āmināné* "permutando" (*dyā́vā várṇaṃ <u>car</u>ata āmināné* "Dia (e Noite), seguem permutando suas cores" 2d); na abertura da estrofe 3, o verbo é retomado transitivamente, com objeto explícito *ádhvā* "caminho", que figura em 3a e é recuperado pelo pronome *tám* "(seguem-)no" (*samānó ádhvā svásaroḥ ... tám anyā́nyā <u>car</u>ataḥ* "o trajeto de ambas as irmãs é o mesmo ... seguem-no uma e outra" 3ab).

Segunda seção (4–6)

Destaca-se essa parte não somente pelo estribilho *uṣā́ ajīgar bhúvanāni víśvā* "Aurora despertou todas as criaturas", mas também pela descrição do despertar, literal e figurado, dos seres vivos, sobretudo dos humanos, motivado pelo alvorecer. Antes do primeiro estribilho (estrofe 4), a deusa é novamente apresentada: ela acaba de surgir brilhante e abrir as portas, acaba de instigar o mundo e revelar riquezas aos presentes.

Duas dessas ações, reunidas na mesma estrofe, guardam semelhança com uma estrofe de outro hino de nossa coleção, 7.79.4. Ali se alude ao mito da caverna de Vala, onde o gado da deusa, confinado, é finalmente liberto por Indra com a ajuda dos Aṅgiras. Também ali a participação da deusa na libertação do gado é mais ativa do que nas demais narrativas: ela mesma é quem escava as riquezas para os cantores e abre as portas de pedra que encerravam seu rebanho. Tal como lá, a deusa "abriu-nos as portas" (*ví dúro na āvaḥ* 4b) e "revelou-nos riquezas" (*ví u no rāyó akhyat* 4c). Tais semelhanças são curiosas, mas não aludem aqui, necessariamente, ao mito da caverna de Vala, pois trazer riquezas não é ação estranha à deusa; além disso, a frase *ví dúro na āvaḥ* "abriu-nos as portas" é comum na fraseologia utilizada nos hinos a Aurora, em que o verbo *ví √var/vr̥* "abrir ao longe" é com frequência empregado para descrever ações desta divindade, por vezes em jogo de palavras com o verbo *ví √vas/uṣ* "brilhar ao longe" (a forma de aoristo *ví āvaḥ* é ambígua: pode significar tanto "brilhou ao longe" como "abriu").

Vários tipos de indivíduo figuram na estrofe 5, cada qual com sua condição própria, mas todos despertados pela deusa. Antes do último estribilho (estrofe 6), uma frase desafia a compreensão, *vísadr̥śā jīvitā́bhipracákṣe* (6c). Nossa interpretação segue a de JAMISON & BRERETON (2014: 263; ver também JAMISON, blog, *ad loc.*) ao supor uma oração predicativa "os seres vivos" (*jīvitā́*) são "distintos" (*vísadr̥śā*) no que diz respeito "ao que têm em vista" (*abhipracákṣe*). Os *pādas* 6a e 6b seriam, assim, sintaticamente independentes: *jīvitā́* e *vísadr̥śā* seriam neutros plurais nominativos. A opção de RENOU (*ÉVP* 3: 43, 47) tem sentido quase oposto: toma 6ab como uma única frase e considera *vísadr̥śā jīvitā́* como um sintagma no acusativo, objeto de *abhipracákṣe*: "para que considerem as diversas (formas de) existência, a Aurora despertou todas as criaturas". Parece-nos que JAMISON (blog, *ad loc.*) está correta ao apontar que a deusa não desperta as criaturas a fim de terem empatia com modos de vida distintos.

Pode-se talvez ler o estribilho *uṣā́ ajīgar bhúvanāni víśvā* "Aurora despertou todas as criaturas" (4d, 5d, 6d) em 4d e 5d, respectivamente, com 5ac e 6ac das estrofes seguintes, ao passo que 5ac/6ac podem ser igualmente lidos como complemento dos estribilhos de suas respectivas estrofes. "Aurora despertou todas as criaturas: o que jaz de través para mover-se (5a) ... os de vista fraca para enxergar ao longe (5c). Aurora despertou todas as criaturas: um ao domínio, outro à fama, outro a buscar grandeza ..." (ou talvez: "um a buscar domínio, outro, fama, outro, grandeza").

Segunda parte (8–15)

A segunda seção do hino traz uma reflexão sobre a passagem do tempo, a mortalidade e a permanência e impermanência das coisas. Parte das estrofes retoma e reformula o que se descreve em 8ab: "daquelas que se afastam ela segue o rebanho, daquelas que se aproximam uma após a outra ela é a primeira". Alvoreceres anteriores e outros que ainda virão servem de pano de fundo para o louvor da Aurora presente. Início e fim desta seção são alinhavados por ecos vocabulares que fornecem uma delimitação estrutural clara:

8ab *parāyatīnā́m ánu eti pā́tha āyatīnā́m prathamā́* ***śáśvatīnām***
"Daquelas que se afastam ela segue o rebanho, daquelas que se aproximam **uma após a outra** ela é a primeira."

15cd *īyúṣīṇām upamā́* ***śáśvatīnāṃ*** *vibhātīnā́m prathamóṣā́ ví aśvait*
"Última das que passaram, **uma após a outra**, primeira das que brilham ao longe, ao longe Aurora alvoreceu."

A estrofe 10, que ocupa a posição central do poema, também é a mais complexa em sua formulação e interpretação. Ela é inaugurada pela forma locativa do pronome interrogativo *kíyant-* "quanto?", que, ao lado de *ā́ yát* produz o sentido de "quanto tempo até que...?". Ao instrumental *samáyā* costuma-se dar o sentido de "meio (do caminho)", como se nota nas traduções de Geldner e Renou,[2] supondo-o como instrumental de *samá-* "igual", cujo sentido teria se estendido para

2 RENOU (*ÉVP* 3: 43, 49) interpreta *kíyāti ā́ yát* como "A qual distância...?".

"igualmente distante, equidistante". JAMISON (blog, *ad loc.*) argumenta, no entanto, baseada em comparações com outros versos em que *samáyā* ocorre, que haveria aqui um jogo de opostos entre "junto" e "ao longe". No caso destes versos, o jogo seria "quanto tempo passará até que ela se reúna às que brilharam ao longe e às que ora raiarão ao longe?" (*samáyā* "junto, no meio de" 10a vs. *viūṣúḥ* ... *viuchā́n* "brilharam/brilharão ao longe" 10b). Mesmo passagens aparentemente menos complexas parecem sujeitar-se a interpretações diversas: quanto ao *pāda* 10c, por exemplo, aqui vertido para "mugindo, ela anseia pelas precedentes", GOTŌ (1987: 114) aventa a possibilidade de se ler *kr̥pate* como "conforma-se": "mugindo, ela se conforma às precedentes".

Compartilhando o ônfalo do hino, a estrofe 11 apresenta a contrapartida humana da passagem do tempo representada pela passagem das várias Auroras. O poeta relembra os mortais que viram raiar as Auroras do passado, celebra aquela que neste momento surge aos presentes e adianta que outros virão no futuro. Uma única Aurora realiza, na estrofe 13, as ações que, em 8, 10 e 11, distribuem-se entre várias Auroras, mas o ciclo de renovação da deusa aparece nos dois epítetos a ela atribuídos, *ajárāmŕ̥tā* (= *ajárā amŕ̥tā*) "que não envelhece, imortal" (13d).[3] A estrofe 15 anuncia o luzir do sinal da Aurora atual, reafirmando o que fora introduzido na estrofe 8: última das que vieram, primeira das que brilharão (15c), esta Aurora raiou ao longe (15d).

Terceira parte (16–20)

Após descrever a troca de postos celestes das irmãs Noite e Aurora, anunciar os efeitos da chegada da deusa sobre todas as criaturas e desenvolver, na parte central do hino, suas reflexões sobre a passagem do tempo, o poeta exorta os presentes a se levantarem diante da deusa que acaba de alvorecer. A força de vida (*jīvó ásuḥ* 16a) e a luz (*jyótiḥ* 16b) substituem a escuridão (*támaḥ* 16b); agora o sol pode avançar pelo caminho aberto pela deusa. Transita-se, assim, a temas caros ao ritual, permeados de pedidos por dádivas divinas.

---

3 Sobre o fundamento indo-europeu, ou ao menos greco-ariano, da combinação desses epítetos, cf. WEST (2022: 145–6).

Em 17, o condutor (*vahniḥ* 17a) louvado (*stávānaḥ* 17b), de voz crepitante (*rebháḥ* 17b), incita as Auroras por meio da "rédea da palavra" (*syū́manā vācā́ḥ* 17a). A referência, ao que parece, é ao deus Agni, o fogo do ritual — figura central na troca de hospitalidades entre homens e deuses, cuja voz assemelha-se ao som da chama que crepita. É possível, ainda, que o poeta se refira ao condutor responsável pela recitação dos hinos durante o ritual, caso se suponha que *rebháḥ* "de voz crepitante" reflita de alguma forma a maneira de recitar os hinos. Se assim for, deve-se interpretar *stávānaḥ* como forma de voz média ("louvando"), e não passiva ("louvado"). O ato de espremer o soma, cena central do ritual, é referido na estrofe 18, que inaugura as três estrofes finais, nas quais outras divindades são introduzidas em meio aos pedidos que encerram o hino.

Adiante, o *pāda* 18c *vāyór iva sūnṛ́tānām udarké* "no entoar do canto das prodigalidades como (no) de Vāyu" pode compor uma unidade tanto com 18ab quanto com 18d. Optou-se aqui pela primeira alternativa, mas a segunda é igualmente viável: "Ricas em vacas, dotadas de heróis sãos, as Auroras que brilham ao longe para o devoto mortal — que aquele que espreme o soma as alcance, doadoras de cavalos, no entoar do canto das prodigalidades como (no) de Vāyu". *Aśvadā́ḥ* (18d), aliás, que aqui lemos como um acusativo plural feminino ("doadoras de cavalos", em referência às Auroras), pode também representar um nominativo singular masculino, em referência a quem espreme o soma: "que aquele que espreme o soma, doador de cavalos, as alcance". Apesar de a maioria dos tradutores preferir a segunda interpretação, a primeira encontra respaldo, como aponta JAMISON (blog, *ad loc.*), em um dos muitos epítetos da Aurora: *áśvasūnṛte* "pródiga em cavalos", que serve de estribilho em 5.79.

Aberto a mais de uma interpretação, enfim, é também o segundo hemistíquio da penúltima estrofe (19cd). O dativo *bráhmaṇe* "para nossa fórmula sagrada" (19c) pode ser lido tanto com *ví* √*vas/uṣ* "brilhar ao longe", interpretação que seguimos ("criadora de louvores, brilha ao longe para nossa fórmula sagrada"), quanto com o epíteto *praśastikṛ́t* "criadora de louvores": "criadora de louvores para nossa fórmula sagrada, brilha ao longe". Também o clítico *naḥ* no *pāda* seguinte pode ser lido tanto como um genitivo com *jáne* "gente" quanto como um acusativo: no primeiro caso, ter-se-ia um objeto (elíptico) cujo referente é *bráhman-* "fórmula sagrada", mencionado pouco antes ("engendra(-a) entre nossa gente"); no segundo, o clítico seria o objeto do verbo ("engendra-nos entre a gente"). Conforme Jamison & Brereton (2014: 265), preferimos a primeira leitura, que tem a vantagem de contar com um paralelismo sintático ABBA, em quiasmo: *bráhmaṇe naḥ* ... *no* [= *naḥ*] *jáne* "para nossa fórmula sagrada ... para nossa gente".

Caio Geraldes

Hino 1.123

Kakṣīvat Dairghatamasa
triṣṭubh

1 a pr̥thū́ rátho dákṣiṇāyā ayoj^{i}
b aínaṃ devā́so amŕ̥tāso asthuḥ |
c kr̥ṣṇā́d úd asthād ar^{i}yā víhāyāś
d cíkitsantī mā́nuṣāya kṣáyāya ||

2 a pū́rvā víśvasmād bhúvanād abodhi
b jáyantī vā́jam br̥hatī́ sánutrī |
c uccā́ v^{i} akhyad yuvatíḥ punarbhū́r
d óṣā́ agan prathamā́ pūrváhūtau ||

3 a yád adyá bhāgáṃ vibhájāsi nŕ̥bhya
b úṣo devi mart^{i}yatrā́ sujāte |
c devó no átra savitā́ dámūnā
d ánāgaso vocati sū́r^{i}yāya ||

4 a gr̥háṃ-gr̥ham ahanā́ yāt^{i} áchā
b divé-dive ádhi nā́mā dádhānā |
c síṣāsantī dyotanā́ śáśvad ā́gād
d ágram-agram íd bhajate vásūnām ||

5 a bhágasya svásā váruṇasya jāmír
b úṣaḥ sūnr̥te prathamā́ jarasva |
c paścā́ sá daghyā yó aghásya dhātā́
d jáyema táṃ dákṣiṇayā ráthena ||

6 a úd īratāṃ sūnŕ̥tā út púraṃdhīr
b úd agnáyaḥ śuśucānā́so asthuḥ |
c spārhā́ vásūni támasā́pagūḷhā
d ^{ā}víṣ kr̥ṇvant^{i} uṣáso vibhātī́ḥ ||

1 Uma vasta carruagem dos honorários rituais foi atrelada;
nela subiram os deuses, os imortais.
Do escuro surgiu a dama de poder profuso, atenta à morada
humana.

2 Mais cedo que toda a criação ela despertou, ganhando
o prêmio, excelsa, conquistadora.
No alto, lançou o olhar ao longe, a jovem que torna à
existência. Para cá veio a Aurora, a primeira na invocação
que se faz cedo.

3 Quando hoje aquinhoares o quinhão aos eminentes entre
os mortais, ó Aurora deusa bem-nascida,
o deus Savitar, senhor da casa, aqui declarará ao Sol
que somos isentos de pecado.

4 De casa em casa ela vai *ahanā́*,[1] dia após dia assumindo nomes.
Buscando vencer, reluzente, para cá ela veio vez após vez.
A nata da nata dos bens é o que ela tem por quinhão.

5 Irmã de Bhaga, parente de Varuṇa, ó Aurora pródiga,
desperta-te a primeira.
Que fique para trás quem seja promotor do mal.
Que o vençamos com os honorários rituais como
carruagem.

6 Que prodigalidades surjam à tona, à tona dádivas plenas.
À tona se postaram os fogos flamejantes.
Os bens desejáveis ocultos pelas trevas, as Auroras
que brilham ao longe os põem à vista.

---

1 *ahanā́*: sentido obscuro. Interpretações variam amplamente: já se sugeriu "indestrutível", "lasciva", "em sua grandiosidade" (cf. JAMISON, blog, *ad loc.*).

7 a ápānyád ét[i] abh[í] anyád eti
b víṣurūpe áhanī sáṃ carete |
c parikṣítos támo anyā́ gúhākar
d ádyaud uṣā́ḥ śóśucatā ráthena ||

8 a sadŕ̥śīr adyá sadŕ̥śīr íd u śvó
b dīrgháṃ sacante váruṇasya dhā́ma |
c anavadyā́s triṃśátaṃ yójanān[i]
d ékaikā krátum pári yanti sadyáḥ ||

9 a jānat[ī́] áhnaḥ prathamásya nā́ma
b śukrā́ kr̥ṣṇā́d ajaniṣṭa śvitīcī́ |
c r̥tásya yóṣā ná mināti dhā́m[a]
d [ā́]har-ahar niṣkr̥tám ācárantī ||

10 a kan[í]yeva tan[ú]vā śā́śadānā̃
b éṣi devi devám íyakṣamāṇam |
c saṃsmáyamānā yuvatíḥ purástād
d āvír vákṣāṃsi kr̥ṇuṣe vibhātī́ ||

11 a susaṃkāśā́ mātŕ̥mr̥ṣṭeva yóṣā
b [ā]vís tan[ú]vaṃ kr̥ṇuṣe dr̥śé kám |
c bhadrā́ tvám uṣo vitaráṃ v[í] ucha
d ná tát te anyā́ uṣáso naśanta ||

12 a áśvāvatīr gómatīr viśvávārā
b yátamānā raśmíbhiḥ sū́r[i]yasya |
c párā ca yánti púnar ā́ ca yanti
d bhadrā́ nā́ma váhamānā uṣā́saḥ ||

7 Uma se afasta, a outra se aproxima; com formas distintas,
as duas metades do dia[2] avançam no mesmo passo.
Das duas (= Aurora e Noite) situadas ao redor, uma ocultou
as trevas. Raiou a Aurora com a sua carruagem coruscante.

8 De mesma aparência hoje, de mesma aparência também
amanhã, elas seguem o longo ordenamento de Varuṇa.
Impecáveis, elas completam o circuito das trinta jornadas
na lavra (= dias do mês), cada uma o seu propósito num
único dia.

9 Ciente do nome do primeiro dia, fulgurante, nívea,
ela nasceu do escuro.
Donzela, ela não desdenha o ordenamento da verdade,
comparecendo dia após dia ao local de encontro.

10 Como uma moça orgulhosa de seu corpo, vais, ó deusa,
ao deus que busca te alcançar.
Toda sorridente, jovem, tu pões à mostra os seios a leste,[3]
ó tu que brilhas ao longe.

11 De bela aparência, como uma donzela enfeitada pela mãe,
tu desvelas teu corpo é para ser vista.
Auspiciosa que és, brilha ao longe, ó Aurora, além.
As demais Auroras não alcançarão isso de ti.

12 Ricas em cavalos, ricas em vacas, dotadas de tudo
o que é desejável, alinhadas aos raios do sol,
elas vão embora e tornam a voltar para cá, portando nomes
auspiciosos, as Auroras.

2 Literalmente: "os dois dias".
3 Ou: "diante (dele)".

13 a ṛtásya raśmím anuyáchamānā
b bhadrám-bhadraṃ krátum asmā́su dhehi |
c úṣo no adyá suhávā v^{í} uch^{a}
d ^{a}smā́su rā́yo maghávatsu ca syuḥ ||

13 Guiando-se pela rédea da verdade, põe em nós um propósito
mais e mais auspicioso.
Ó Aurora, brilha hoje para nós ao longe, fácil de invocar
que és. Que entre nós haja riquezas, e entre os generosos
(patronos).

Comentário

Tema inicial do hino é a *dakṣiṇā*, o honorário ritual, aqui vinculado à figura da Aurora durante os sacrifícios matutinos. Nas seis primeiras estrofes, é a Aurora que, com o seu surgimento, dá início ao ritual e propicia os honorários que dele decorrem. Na exata metade do hino (estrofe 7), a formulação ambígua sobre as duas metades do dia — ou seja, o dia e a noite —, uma das quais se aproxima e a outra se afasta, e uma das quais acaba de ocultar as trevas, talvez esconda uma alusão ao próprio hino e à sua estrutura interna (ver abaixo). Após a estrofe central, segue uma segunda parte (estrofes 8–13) já menos coesa do que a primeira no que se refere a um tema único. Agora as estrofes se organizam em pares, segundo eixos temáticos diversos: o paradoxo da Aurora de natureza imutável e que no entanto se renova a cada dia (estrofes 8–9), os atributos sensuais da deusa jovem e bela (estrofes 10–11), sua riqueza e retorno periódico (estrofes 11–12) — tema este que ecoa a questão inaugural da segunda parte e, indiretamente, remata o tópico dos honorários rituais que preenche a primeira metade do poema.

Primeira parte (1–6)

A expressão "carruagem dos honorários rituais" (*rátho dákṣiṇāyā* 1a) reaparece adiante em quiasmo, na estrofe 5 (*dákṣiṇayā ráthena* 5d). A rigor, *dákṣiṇāyā* (1a) pode refletir tanto o sândi de *dákṣiṇāyāḥ* (gen.) "dos honorários rituais" quanto de *dákṣiṇāyāi* (dat.) "para os honorários rituais", leitura preferida por JAMISON & BRERETON (2014: 286). Na tradição greco-ariana, é comum referir-se à carruagem da canção (cf. WEST 2022: 46–9), mas no próprio Rig Veda a carruagem da *dakṣiṇā* é inusitada. Quanto a *dákṣiṇayā ráthena* "com os honorários rituais como carruagem" (5d), uma alternativa seria ler ambos os sintagmas separadamente, em parataxe: "com os honorários rituais, com a carruagem".

No início do poema, marcadores temporais de passado recente, no aoristo, em referência a algo que acaba de ocorrer, situam-se em posições levemente marcadas, no final dos *pādas* 1a (*ayoji* "foi atrelada") e 1b (*asthuḥ* "subiram"), bem como antes da quebra ou cesura do *pāda* 1c (*úd asthāt* "surgiu"), em um movimento que inicia na carruagem, passa pelos deuses em geral e culmina na deusa a ser louvada, Aurora, que só é nomeada no fim da estrofe 2 (*óṣā́* = *ā́ uṣā́ḥ* 2d). É provável que esse movimento que põe a deusa em foco não seja fortuito, pois a estrofe 2 utiliza outros três verbos no aoristo, agora todos eles referentes a Aurora: *abodhi* "despertou" (2a), em espelho a *ayoji* "foi atrelada" (1a), outro aoristo passivo na mesma posição métrica; *ví akhyat* "lançou o olhar ao longe" (2c); e *ā́ ... agan* "veio para cá" (2d). Ademais, essas três formas verbais da estrofe 2 ganham destaque pela composição em anel que as emoldura: *pū́rvā* "mais cedo" (2a) e *pūrváhūtau* "na invocação que se faz cedo" (2d).

O tema da *dakṣiṇā* desdobra-se nas duas estrofes seguintes (3–4), que trata dos quinhões: "quando ... aquinhoares o quinhão..." (*yát ... bhāgáṃ vibhájāsi* 3a), diz o poeta na abertura da estrofe 3, para então dar remate à ideia com a repetição da raiz verbal ao fim da estrofe 4: "a nata da nata dos bens é o que ela tem por quinhão" (*ágram-agram íd bhajate vásūnām* 4d). O que a deusa tem por quinhão ela distribui aos homens, e tal repartição é sublinhada nos vários compostos chamados *āmreḍitas*, que consistem na repetição do constituinte (algo como português "dia-a-dia") e que aqui preenchem o arco das menções ao quinhão no início e fim desse par estrófico, pondo em evidência, de forma icônica, a distributividade do ato: *gr̥háṃ-gr̥ham* "de casa em casa" (4a), *divé-dive* "dia após dia" (4b), *ágram-agram... vásūnām* "nata da nata... dos bens" (4d).

A mesma raiz *bhaj-* "dividir, aquinhoar" fornece o entrelaçamento com a estrofe seguinte (5a), que inicia justamente com *bhágasya svásā* "irmã de Bhaga". Bhaga é o deus associado à riqueza, o deus Quinhão. Se o parentesco com Varuṇa terá ecos mais adiante (*váruṇasya jāmíḥ* "parente de Varuṇa" 5a e *váruṇasya dhā́ma* "ordenamento de Varuṇa" 8b), aqui o fato de Bhaga ser descrito como irmão de Aurora serve antes de elo retórico entre as estrofes do que de descrição genealógica acurada.

Também entre as estrofes 5 e 6 cria-se um entrelaçamento, este talvez mais sutil. Pela primeira vez no poema, formas verbais de imperativo e optativo de desejo são utilizadas, aqui também em quiasmo: *úṣaḥ sūnr̥te ... jarasva* (impv.) "ó Aurora pródiga, desperta-te" (5b); *paścā́ ... daghyāḥ* (opt.) "que fique para trás" (5c); *jáyema* (opt.) "que vençamos" (5d); *úd īratāṃ sūnŕ̥tāḥ* (impv.) "que prodigalidades surjam à tona" (6a).

A primeira forma imperativa dirige-se a Aurora, ou antes à "pródiga" (*sūnr̥te*) Aurora; após os dois optativos, e já na estrofe seguinte, o imperativo de terceira pessoa (*úd īratām* "que surjam à tona") dirige-se às "prodigalidades" (*sūnŕ̥tāḥ*). Aurora pródiga e as suas prodigalidades, atributo divino e a sua tradução material de formação nominal idêntica (*sūnŕ̥ta-*), não apenas emolduram e dão destaque às formas verbais como também promovem o elo estrófico.

Elo que também está presente, por sinal, entre as estrofes 6 e 7. Diz-se nos *pādas* 6cd que "os bens desejáveis ocultos pelas trevas (*támasā́pagūḷhā* = *támasā ápagūḷhā*), as Auroras radiantes os põem à vista (*āvíṣ kr̥ṇvanti*)". "Trevas" (*támas-*), "ocultar" (√*guh*), "pôr" (lit. "tornar", √*kr̥*) reaparecem na estrofe seguinte, reordenados, na expressão "ocultou as trevas" (*támaḥ* ... *gúhākar* [= *gúhā akar*] 7c, lit. "tornou ocultas..."), gerando o paralelismo entre *támasā ápagūḷhā* ... *kr̥ṇvanti* "ocultos pelas trevas ... tornam" (6cd) e *támaḥ... gúhā akar* "tornou ocultas as trevas" (7c), com sequência análoga, mas de semântica oposta, dos termos *támas-* "trevas", √*guh* "ocultar" e √*kr̥* "pôr".

Estrofe central (7)

A unidade temática, portanto, que une as estrofes 1–6 é reforçada pelo entrelaçamento entre as estrofes 4–5 e 5–6, e a transição para a estrofe central (7) também é facilitada por repetições vocabulares. Remata-se, na estrofe central, o tema da carruagem, que figura em destaque na imagem da carruagem dos honorários rituais da primeira parte (*rátho dákṣiṇāyā* 1a, *dákṣiṇayā ráthena* 5d): é com a sua carruagem (*ráthena* 7d) coruscante que Aurora brilha aqui.

As duas metades do dia, ou seja, dia e noite, avançam *pari passu* (*sáṃ carete* 7b), embora em sentidos opostos (*ápānyád* [= *ápa anyád*] *éti abhí anyád eti* "uma vai ... outra vem" 7a) e com formas distintas (*víṣurūpe* 7b). "Duas metades do dia" (*áhanī* 7b) é um dual neutro, e *parikṣítoḥ* "situados ao redor", a palavra que abre o *pāda* 7c, pode causar certa dúvida quanto a seu referente (trata-se de um genitivo dual masculino, feminino ou neutro?): em duas outras passagens do Rig Veda, o referente são os dois mundos, Céu e Terra (3.7.1, 10.65.8). Costuma-se construir *parikṣítoḥ* com *támaḥ* "trevas" que segue ("as trevas dos dois [mundos] situados ao redor"), mas a tradução de Jamison parece mais acertada, ao construir *parikṣítoḥ* com *anyā́*: “uma das duas [i.e., Noite e Aurora] situadas ao redor”. Aurora costuma ocultar as trevas da Noite no Rig Veda, e o feminino *anyā́* “uma” estaria assim tanto mais justificado, pois se a referência fosse a uma das duas metades do dia, esperaríamos o neutro *anyát*.

Na sequência da leitura, ou antes da audição, o leitor/ouvinte constrói *parikṣítoḥ* com *támaḥ* (“trevas dos dois [mundos] situados ao redor”), para então ressignificar *parikṣítoḥ* no confronto com *anyā́* (“uma das duas [Noite e Aurora] situadas ao redor”). Tal ambiguidade atrai tanto mais a atenção para o sentido da passagem, que versa sobre as metades do dia, sobre um dos dois mundos, redefinido em uma das duas irmãs, Aurora e Noite, notadamente a Aurora, que acaba de ocultar as trevas — e isso na *metade* do poema. É o próprio teor da passagem, o sentido ambíguo, que sugere ao ouvinte a autorreferência; das duas metades do hino, uma já transcorreu e iluminou as trevas ao cantar a Aurora. Como tantas vezes no Rig Veda, o microcosmo espelha o macrocosmo: Aurora desperta o poeta, mas é também por ele despertada (cf. *úṣaḥ ... jarasva* “ó Aurora, desperta-te” 5b), deusa e canto têm o condão de ocultar as trevas, e a carruagem coruscante da divindade é a mesma, supostamente, que trará ao sacerdote seus honorários rituais (*ráthena* 7d, *dákṣiṇayā ráthena* 5d, *rátho dákṣiṇāyā* 1a).

Segunda parte (8–13)

Dividida em três pares estróficos, cada um com seu tema próprio, a segunda parte contrasta com a unidade temática da primeira e reforça a posição central da estrofe 7.

O primeiro par (8–9) é alinhavado com o paralelismo vocabular de “ordenamento de Varuṇa” (*váruṇasya dhā́ma* 8b) e “ordenamento da verdade” (*ṛtásya ... dhā́ma* 9c), conjugados à oposição de sentido dos respectivos verbos: o primeiro ordenamento, as deusas o seguem (*sacante* 8b); o segundo, Aurora não o desdenha (*ná mināti* 9c). Identidade e diversidade são realçadas pela repetição eficaz de *sadṛ́śīḥ* “de mesma aparência” (8a) no início da estrofe encerrada por *sadyás* “num único dia” (8d), que contrasta com *ékaikā* [=*ekā-ekā*] “cada uma” (8d), composto *āmreḍita* ecoado por *áhar-ahar* “dia após dia” (9d). Talvez a própria sintaxe mimetize o tema: dois complementos, um material, as trinta jornadas (*triṃśátaṃ yójanāni* 8c), outro metafórico, o propósito (*krátum* 8d), vinculam-se a um único verbo, *pári yanti* (8d), que assume aqui ora o sentido material de "perfazem o circuito", ora o sentido metafórico de "levam a cabo" (cf. JAMISON, blog, *ad loc.*).

Quanto ao par 10–11, seu vínculo reflete-se na repetição vocabular *āvís* ... *kr̥ṇuṣe* "desvelas" (10d, 11b), na mesma posição métrica, ao passo que, no par 12–13, a repetição é entre a raiz verbal *yat-* "alinhar-se, guiar-se" e o tema nominal *raśmí-* "raio, rédea": *yátamānā raśmíbhiḥ* "alinhadas aos raios" (12b) e *raśmím anuyáchamānā* "guiando-se pela rédea" (13a). Note-se a posição quiástica de ambos os termos (√*yat* ... *raśmí-* ... *raśmí-* ... √*yat*) e a complementação do sintagma por genitivos, que ora o precedem (*r̥tásya* "da verdade" 13a), ora o sucedem (*sū́riyasya* "do sol" 12b).

José Marcos Macedo

Hino 1.124

Kakṣīvat Dairghatamasa
triṣṭubh

1 a uṣā́ uchántī samidhāné agnā́
b udyán sū́rya urviyā́ jyótir aśret |
c devó no átra savitā́ n^{ú} ártham
d prā́sāvīd dvipát prá cátuṣpad ityaí ||

2 a áminatī daív^{i}yāni vratā́ni
b praminatī́ manuṣ^{í}yā yugā́ni |
c īyúṣīṇām upamā́ śáśvatīnām
d āyatīnā́m prathamóṣā́ v^{í} adyaut ||

3 a eṣā́ divó duhitā́ práty adarśi
b jyótir vásānā samanā́ purástāt |
c r̥tásya pánthām án^{u} eti sādhú
d prajānatī́va ná díśo mināti ||

4 a úpo adarśi śundhyúvo ná vákṣo
b nodhā́ ivāvír akr̥ta priyā́ṇi |
c admasán ná sasató bodháyantī
d śaśvattamā́gāt púnar eyúṣīṇām ||

5 a pū́rve árdhe rájaso apt^{i}yásya
b gávāṃ jánitr^{ī} akr̥ta prá ketúm |
c v^{í} u prathate vitarám várīya
d óbhā́ pr̥ṇántī pit^{a}rór upásthā ||

6 a evéd eṣā́ purutámā dr̥śé káṃ
b nā́jāmiṃ ná pári vr̥ṇakti jāmím |
c arepásā tan^{ú}vā śā́śadānā
d nā́rbhād ī́ṣate ná mahó vibhātī́ ||

7 a abhrātéva puṃsá eti pratīcī́
b gartārúg iva sanáye dhánānām |
c jāyéva pátya uśatī́ suvā́sā
d uṣā́ hasréva ní riṇīte ápsaḥ ||

1 A Aurora reluzindo enquanto o fogo é aceso, o sol
que se ergue — (cada qual) fixou sua luz amplamente.
Aqui o deus Savitar agora impeliu adiante nosso bípede,
adiante nosso quadrúpede, para ir (cada qual) a seu trabalho.

2 Sem diminuir os preceitos divinos, diminuindo as gerações humanas,
última das que passaram, uma após a outra, primeira das
que se aproximam, a Aurora raiou ao longe.

3 Esta filha do Céu surgiu à frente, vestida de luz, do mesmo
modo, vinda do leste.
Ela segue o caminho da verdade, em linha reta.
Como alguém que sabe, não confunde as direções.

4 Ela surgiu como o peito de uma ave aquática (*śundhyú-*).
Como uma elefanta (*nodhás-*), ela revelou suas partes íntimas.
Despertando, como uma mosca (*admasád-*), quem dorme,
ela chegou como ápice daquelas que, uma após a outra,
vêm novamente para cá.

5 No lado oriental do espaço escuro, inacessível ao voo (*aptiyá-*),
a genitora de vacas pôs adiante o seu sinal luminoso.
Ela se estende além, mais amplamente, preenchendo o colo
de seus dois pais (= Céu e Terra).

6 Assim ela é, ápice das muitas, para ser vista. Nem o
não-parente ela evita, nem o parente.
Orgulhosa de seu corpo sem mácula, nem ante o pequeno
ela recua nem ante o grande, ela que brilha ao longe.

7 Como uma (jovem) sem irmão, ela segue rumo aos homens,
como quem sobe ao tablado para a obtenção de ganhos.
Como uma esposa desejosa do marido e bem-vestida
(para ele), a Aurora, como uma libertina, transborda seu seio.

8 a svásā svásre jyā́yasyai yónim āraig
b ápait[i] asyāḥ praticákṣ[i]yeva |
c v[i]uchántī raśmíbhiḥ sū́r[i]yasy[a]
d [a]ñjí aṅkte samanagā́ iva vrā́ḥ ||

9 a āsā́m pū́rvāsām áhasu svásr̥̄ṇām
b áparā pū́rvām abh[í] eti paścā́t |
c tā́ḥ pratnaván návyasīr nūnám asmé
d revád uchantu sudínā uṣā́sah ||

10 a prá bodhayoṣaḥ pr̥ṇató maghon[i]
b ábudhyamānāḥ paṇáyaḥ sasantu |
c revád ucha maghávadbhyo maghoni
d revát stotré sūnr̥te jāráyantī ||

11 a áveyám aśvaid yuvatíḥ purástād
b yuṅkté gávām aruṇā́nām ánīkam |
c ví nūnám uchād ásati prá ketúr
d gr̥hám-gr̥ham úpa tiṣṭhāte agníḥ ||

12 a út te váyaś cid vasatér apaptan
b náraś ca yé pitubhā́jo v[í]uṣṭau |
c amā́ saté vahasi bhū́ri vāmám
d úṣo devi dāśúṣe márt[i]yāya ||

13 a ástoḍh[u]vaṃ stom[i]yā bráhmaṇā me
b [á]vīvr̥dhadhvam uśatī́r uṣāsaḥ |
c yuṣmā́kaṃ devīr ávasā sanema
d sahasríṇaṃ ca śatínaṃ ca vā́jam ||

8 A irmã deixou o útero[1] para a irmã mais velha. Afasta-se
dela, como quem deve ser contemplada.
Brilhando ao longe com os raios do sol, ela se unge
com unguento como uma moça pretendente que vai
à assembleia.

9 Dessas primeiras irmãs, ao longo dos dias, a última avança
de trás em direção à primeira.
Que as mais novas brilhem fartura agora para nós
como antes, as Auroras de tempo aberto.

10 Desperta, ó generosa Aurora, os dadivosos; que os avaros
durmam indespertos.
Brilha fartura para os generosos, ó generosa, fartura para
quem louva, ó pródiga, acordando-os.

11 Esta jovem branqueou, vinda do leste; ela atrela a fronte
das vacas rubras.
Agora ela brilhará, será evidente seu sinal luminoso.
De casa em casa Agni será disposto.

12 Os próprios pássaros, a teu brilho, alçaram voo de
suas moradas, e os homens que partilham de comida.
A quem está em casa tu conduzes muito de valioso,
deusa Aurora, ao devoto mortal.

13 Fostes louvadas, ó dignas de louvor, por minha fórmula
sagrada, fostes fortalecidas, vós desejosas, ó auroras.
Com vossa ajuda, deusas, que possamos ganhar, aos milhares
e às centenas, o prêmio.

1 Ou: "cedeu lugar" (cf. 1.113.1d).

Comentário

A característica mais marcante deste hino, no entender de JAMISON & BRERETON (2014: 287–8), consiste na pletora de imagens peculiares formadas a partir de temas genéricos no contexto dos hinos a Aurora, como o fato de ser uma moça e de ser dotada de muitos prêmios.[1] O ponto alto da comparação é alcançado nas estrofes centrais (7–8), principalmente em 7, em que a deusa é associada, sequencialmente, a quatro imagens femininas, cada qual com (possível) conteúdo sexual; estrofe 8 traz a comum imagem da Aurora afastando a Noite, sua irmã, mas também aqui a feminilidade das imagens parece especialmente marcada (para as estrofes centrais, ver abaixo). Dignos de nota são os símiles da estrofe 4, os quais comparam a Aurora, ao mostrar-se, ao peito de um *śundhyú-* (4a); ao revelar "suas (partes) íntimas", a uma *nodhás-* (4b); ao despertar quem dorme, a uma *admasád-* (4c). O sentido exato desses lexemas ainda é objeto de controvérsias, mas valemo-nos aqui da interpretação de THIEME (1965), discutida abaixo. A opacidade vocabular, aliás, parece cara ao poeta: demais exemplos são *aptiyá-* (5a) e *vrā́-* (8d); a interpretação dos termos não é definitiva, mas está baseada em hipóteses filológicas robustas (ver abaixo).

Estruturalmente, o hino é menos complexo que outros de extensão análoga dedicados a Aurora, mas deixa entrever uma estrutura geral clara: se a primeira parte (1–6) descreve as ações da Aurora mediante diversos símiles, preparando o caminho para as estrofes centrais (7–8) — marcadas, aliás, por ecos sonoros (e.g. *suvā́sā* "bem-vestida" 7c ... *svásā svásre* "a irmã para a irmã" 8a) —, a segunda parte (9–13), por sua vez, trata de tematizar a *dakṣiṇā* (o honorário ritual) e endereçar a prece à deusa (o modo deôntico utilizado acha-se ausente até a estrofe 9).

Primeira parte (1–6)

O hino inicia com a conhecida figura etimológica *uṣás-* √*uṣ* "Aurora brilha", seguida pela expressão semiformular *jyótiṣ-* √*śri* "fixar a luz" (cf. Apêndice, itens 2.1 e 2.5). Fixa-se a luz ao nascer do sol (*sū́rya urviyā́*

1 Os símiles de 1.124 são amplamente discutidos por BIAGETTI (2022: 400–6, com lit.).

1b), momento em que se mostra ativa outra divindade, Savitar, "o Impelidor" (√sav/sū "impelir"), cuja ação é sublinhada por meio de outra figura etimológica: *savitā́ ... prā́sāvīd dvipát prá cátuṣpat* "o Impelidor ... impeliu adiante nosso bípede, adiante nosso quadrúpede" (1cd). Note-se a repetição de *prá* "adiante", que aqui carrega todo o conteúdo semântico do sintagma verbal, bem como o merisma *dvipát ... cátuṣpat* "bípede ... quadrúpede", expressão polar que equivale à soma de todas as criaturas que habitam a terra.

As estrofes 2–3 exibem uma coerência especial dada a recorrência da raiz √*mī* "diminuir", expediente encontrado também em outros hinos, como o precedente (1.123) e 1.92. Os *pādas* 2ab — idênticos, respectivamente, a 1.92.12c e 11c — contrapõem os planos divino e humano: *áminatī daíviyāni vratā́ni* "sem diminuir os preceitos divinos" 2a vs. *praminatī́ manuṣíyā yugā́ni* "diminuindo as gerações humanas" 2b (notar, em contraste com os planos opostos, a unidade sonora conferida pelo triplo *-āni*: *daíviyāni vratā́ni ... yugā́ni*). Os *pādas* 2cd são também paralelos, com o sintagma *āyatīnā́m prathamā́* "primeira das que se aproximam", que abre o *pāda* 2d,[2] espelhando *īyúṣīṇām upamā́* "última das que passaram", ao início do *pāda* 2c. A luz "fixada" em 1b pela deusa (*jyótiṣ-* √*śri*) ressurge em 3b, mas agora ela a veste (*jyótir vásānā*). A raiz √*mī* "diminuir", por sua vez, é retomada em 3d, agora com outro objeto, *díśaḥ* "direções", razão por que não é possível vertê-la para o mesmo lexema em português (*ná díśo mināti* "não confunde as direções").[3] Em ambas as estrofes, o *pāda* d elabora o conteúdo do *pāda* c, em referência à deusa que é ao mesmo tempo última e primeira (contraste), que segue o caminho da verdade (*ṛtásya pánthām* 3c) sem confundir as direções (sinonímia).

A estrofe 4 exibe, como dito, três problemas vocabulares em breve sequência: *śundhyú-* (4a), *nodhás-* (4b) e *admasád-* (4c). Thieme (1965) debruça-se sobre esses termos e, retomando uma hipótese já levanta-

---

2 1.124.2d *āyatīnā́m prathamóṣā́ ví adyaut* "primeira das que se aproximam, a Aurora raiou ao longe" coincide parcialmente com 1.113.15d *vibhātīnā́m prathamóṣā́ ví aśvait* "primeira das que brilham ao longe, ao longe a Aurora alvoreceu" (cf. Apêndice, item 1.2).

3 O *pāda* 3a repete *verbatim* 1.113.7a, bem como 3cd = 5.80.4cd.

da por RENOU (*ÉVP* 3: 63), interpreta-os como designações de animais: *śundhyú-* talvez represente um substantivo derivado do tema de presente *śundha-*, da raiz √*śudh* "limpar, purificar", i.e., *śundhyú-* = "aquele que limpa, purifica (a si mesmo) → ave aquática", dado o seu hábito de limpar as próprias penas com o bico; *nodhás-*, a seu turno, talvez derive de um composto em *nas-* "nariz" + √*dhā* "sugar" > *nodhás-* "aquele que suga com o nariz → elefante", sendo que a "tromba" representa um nariz não-prototípico;[4] *admasád-*, literalmente "(aquele que) se senta (√*sad*) à refeição (*adman-*)", é tido por Oldenberg como "convidado", mas Thieme prefere interpretar o termo como "mosca", em razão do parâmetro *sasató bodháyantī* "despertando quem dorme" (4c), tarefa no mínimo estranha a um convidado. Tem-se, assim, uma tríade de símiles animais, cada qual semelhante a uma esfera de atividade da Aurora: o emergir da escuridão, tal qual o peito de aves aquáticas quando limpam as suas penas; o mostrar de suas partes íntimas, tal qual elefantas (no cio), cujas partes íntimas, entumecidas, são conspícuas; o despertar dos adormecidos, como a mosca que insiste em zunir. Notar que *śaśvattamā́gāt púnar eyúṣīṇām* "ela chegou como ápice daquelas que, uma após a outra, vêm novamente para cá" (4d) retoma *īyúṣīṇām upamā́ śáśvatīnām* "última das que passaram, uma após a outra" (2c).

Também a estrofe 5 apresenta um lexema opaco: *aptiyá-* (5a). Embora estudiosos como GRASSMANN (1873, *s.v.*), OLDENBERG (1909: 127) e MAYRHOFER (1992, *s.v. ánapta-*) tentem, com alguma hesitação, associá-la à palavra para "água" (*áp-*), parece-nos mais promissor, seguindo uma sugestão de RENOU (*ÉVP* 3: 63), adotada também por JAMISON (blog, *ad loc.*), lê-la como "inacessível ao voo" (*a-pt-ya-*, derivado da raiz √*pat* "voar"). Essa hipótese é corroborada pelo fato de a Aurora ser descrita muitas vezes como "vinda de longe" (e.g. 1.92.3b *parāvátaḥ*); não parece irrazoável imaginar que o lugar de onde ela vem seja tão afastado que nem os pássaros conseguem alcançá-lo.

Notem-se, enfim, a figura etimológica em 6b *nā́jāmiṃ ná pári vṛṇakti jāmím* "nem o não-parente ela evita, nem o parente" e o contraste em

4 No *Rāmāyaṇa*, por exemplo, chama-se a tromba *nāganāsā* "nariz de elefante".

6d *nā́rbhād ī́ṣate ná maháḥ* "nem ante o pequeno ela recua nem ante o grande", tanto uma quanto outra com dupla negação (*ná ... ná*).

Estrofes centrais (7–8)

Nas estrofes centrais, os símiles da primeira parte alcançam seu cume e trazem à tona, nas palavras de Jamison & Brereton (2014: 287), "uma série de retratos quase sociológicos das figuras femininas da Índia antiga". Em 7, tem-se uma tétrade de símiles: compara-se a Aurora a uma jovem sem irmão que vai ao encontro de homens (7a); a alguém que "sobe ao tablado para a obtenção de ganhos" (7b), em possível alusão a uma prostituta que exibe o seu corpo em troca de dinheiro — ou talvez, menos surpreendentemente, a uma figura masculina que sobe ao tablado da carruagem em busca de espólios; a uma esposa bem-vestida e desejosa do marido (7c); a uma "libertina" que desnuda seu seio (7d). Jamison & Brereton (2014: 287) interpretam os *pādas* 7ab como símiles diversos, mas leem os *pādas* 7cd como um único símile, de modo que a imagem da esposa desejosa do marido desemboca naquela de uma libertina que se despe. Não é de todo improvável, no entanto, que também os *pādas* 7ab componham um único símile, inclusive pelo fato de haver um único verbo finito em 7ab (*eti* "vai"). Lidas ambas as imagens como um conjunto, torna-se plausível a inclusão de uma figura feminina em 7b: como, no contexto da Índia antiga, incumbia ao irmão dar sua irmã em casamento (Geldner 1951; ver também Schmidt 1987: 30–75), uma jovem sem irmão via-se obrigada a tomar iniciativa própria. Haveria, assim, duas imagens que transitam paralelamente ao contexto sexual: de um lado, a jovem sem irmão que vai ao encontro de homens (7a) e acaba por subir ao tablado, exibindo-se em busca de ganhos (7b) e, de outro, a esposa desejosa do marido (7c) que, embora bem-vestida, acaba por desnudar o seio como uma libertina (7d).

Também a estrofe 8 suscita especulações, ainda que trate de lugares comuns: 8a apresenta o motivo da Noite sucedida pela Aurora, ao passo que 8b descreve a Aurora afastando-se *praticákṣiyeva* de sua irmã. Devido ao sândi (*praticákṣiyā̆* + *iva* "como"), não é possível determinar a quantidade vocálica do *-a* final em *praticákṣiyā̆* e, portanto, identificar se se trata de um gerundivo (*-ā*) "que deve ser contemplada" ou de um gerúndio (-*ă*) "contemplando-se". Opta-se, em geral, pela primeira alternativa, a qual adotamos. O sentido do símile talvez se explique, segundo JAMISON & BRERETON (2014: 226; ver ainda JAMISON, blog, *ad loc.*), pelo tema da exibição no casamento *svayaṃvara* "autoescolhido",[5] como sugerem os *pādas* 8cd, em que Aurora vai à assembleia como uma *vrā́ḥ*. Temos em *vrā́-* mais um termo cujo sentido nos escapa; JAMISON (2003) interpreta-o como uma forma sincopada de **varā́-* (feminino de *vará-* "pretendente", √*var/vr̥* "escolher"), i.e., *vrā́-* = "pretendente", equivalendo à noiva de um casamento *svayaṃvara*. Se isso estiver correto, o *pāda* 8d compara a Aurora que se besunta a uma "pretendente que vai à assembleia", i.e., à moça que faz a escolha do noivo em assembleias convocadas para tal fim.

Formalmente, enfim, cabe notar o poliptoto *svásā* (nom.) *svásre* (dat.) "a irmã para a irmã" (8a), bem como a figura etimológica *añjí aṅkte* "unge-se com unguentos" (8d).

Segunda parte (9–13)

Na segunda parte, o poeta endereça a sua prece a Aurora, com a preponderância de modos deônticos, ausentes até o momento. Em 9, pede-se às novas Auroras (no plural) que continuem brilhando como as anteriores (9cd). Esse pedido é elaborado em 10, agora focado nos *maghávānaḥ* "generosos" (10c), que ecoam o epíteto da própria deusa (novamente no singular) na figura etimológica <u>*magh*</u>*oni* ... <u>*magh*</u>*ávadbhyo* <u>*magh*</u>*oni* "ó generosa ... para os generosos, ó generosa" (10ac). No mesmo sentido, a ação da deusa de "despertar os dadivosos" é sublinhada por outra figura etimológica, *prá* <u>*bodh*</u>*aya* ... *á*<u>*budh*</u>*yamānāḥ* "desperta ... indespertos" (10ab). Repetição ocorre ainda na anáfora de *revát* em 10cd, em ambos os casos no início do *pāda*. Aqui, como em

5 Como sintetiza BIAGETTI (2022: 400), *svayaṃvara* foi um método de casamento característico da classe *kṣatriya* (guerreira), particularmente para a filha de um rei (JAMISON 1999; JAMISON 2001). Conforme evidências da literatura clássica indiana, o rei convoca pretendentes-reis e príncipes de várias regiões para seu palácio assim que sua filha atinge a idade de casar-se. Antes que ela faça sua escolha, a moça é anunciada entre os pretendentes reunidos e ingressa na assembleia para que todos a vejam: talvez 8d se refira a esse momento da cerimônia (JAMISON 1999; JAMISON 2003: 42–44).

outras partes, talvez se possa ler a forma neutra não apenas como advérbio, mas como objeto genuíno da raiz √*vas/uṣ* “brilhar”: “traz-nos/gera-nos riquezas ao brilhar”. Note-se que tal raiz recorre em todas as estrofes da segunda parte, conferindo força à elocução do pedido. Em 12ab (que repete 6.64.6ab), pássaros alçam voo de suas moradas, bem como os homens,[6] o que reflete o caráter totalizante da ação divina por meio do merisma *alados e terrestres.*

Esse caráter totalizante também está presente na estrofe final, cujo primeiro hemistíquio é balizado por ecos sonoros: *#ástoḍhuvaṃ stomiyāḥ* “fostes louvadas, ó dignas de louvor” (figura etimológica) ... *uśatīr uṣāsaḥ#* “vós desejosas, ó Auroras” (13ab),[7] que aqui retoma, como aponta Renou (*ÉVP* 3: 66), *uśatī ... uṣā́ḥ* (7cd). A prece derradeira vem à tona somente nos *pādas* finais (13cd), em que o poeta roga à deusa, enfaticamente, que possa obter *sahasríṇaṃ ca śatínaṃ ca vā́jam* “o prêmio aos milhares e às centenas”.

Thiago Mendes Venturott

6 No hemistíquio, como aponta Jamison (blog, *ad* 6.64.6), *út* √*pat* “alçar voo” é a única forma verbal finita cujo sujeito são tanto os pássaros quanto (metaforicamente) os homens.

7 Não se trata de figura etimológica (√*vas/uṣ* “brilhar” ≠ √*vaś/uś* “desejar”), mas a semelhança entre ambas as raízes enseja o jogo sonoro (paronomásia).

Hino 3.61

Viśvāmitra
triṣṭubh

1 a úṣo vā́jena vājini prácetā
b stómaṃ juṣasva gr̥ṇató maghoni |
c purāṇī́ devi yuvatíḥ púraṃdhir
d ánu vratáṃ carasi viśvavāre ||

2 a úṣo dev^{i} ámart^{i}yā ví bhāhi
b candrárathā sūnŕ̥tā īráyantī |
c ā́ tvā vahantu suyámāso áśvā
d híraṇyavarṇām pr̥thupā́jaso yé ||

3 a úṣaḥ pratīcī́ bhúvanāni víśv$^{\bar{a}}$
b $^{\bar{u}}$rdhvā́ tiṣṭhas^{i} amŕ̥tasya ketúḥ |
c samānám ártham caraṇīyámānā
d cakrám iva navyas^{i} ā́ vavr̥tsva ||

4 a áva syū́meva cinvatī́ maghón$^{\bar{\imath}}$
b uṣā́ yāti · svásarasya pátnī |
c s^{u}var jánantī subhágā sudáṃsā
d ā́ntād diváḥ papratha ā́ pr̥thivyā́ḥ ||

5 a áchā vo devī́m uṣásaṃ vibhātī́m
b prá vo bharadhvaṃ námasā suvr̥ktím |
c ūrdhvám madhudhā́ diví pā́jo aśret
d prá rocanā́ ruruce raṇvásaṃdr̥k ||

6 a r̥tā́varī divó arkaír abodh^{i}
b ā́ revátī ródasī citrám asthāt |
c āyatī́m agna uṣásaṃ vibhātī́ṃ
d vāmám eṣi dráviṇam bhíkṣamāṇaḥ ||

7 a r̥tásya budhná uṣásām iṣaṇyán
b vŕ̥ṣā mahī́ ródasī ā́ viveśa |
c mahī́ mitrásya váruṇasya māyā́
d candréva bhānúṃ ví dadhe purutrā́ ||

1 Ó Aurora premiada com prêmio, tu que discernes, desfruta
do louvor do cantor, ó generosa.
Como ancestral (e) jovem, ó deusa, como plenitude avanças
segundo o ordenamento, ó tu que dispões de todos os bens.

2 Ó deusa Aurora, como imortal brilha ao longe, tu que tens
uma carruagem cintilante, suscitando prodigalidades.
Que te conduzam para cá os cavalos fáceis de guiar, a ti
de cor dourada, eles que têm flancos largos.

3 Ó Aurora, frente a todas as criaturas, tu te postas ereta como
o sinal luminoso do imortal.
Pondo-te a caminho rumo ao mesmo objetivo, vem rolando
para cá qual uma roda, ó mais nova.

4 Como quem solta as rédeas, generosa, avança a Aurora,
a senhora do pasto.
Gerando o Sol, bem-aquinhoada, de poder mágico, aos confins
do céu ela se estende (e) aos da terra.

5 (Chamo) a vós a deusa Aurora, que brilha ao longe: proferi com
reverência vosso (hino) bem torneado.
A doadora de mel fixou ereto no céu o seu flanco, luziu adiante
luzidia, com aparência adorável.

6 A veraz (filha) do Céu foi desperta pelos cantos; rica, postou-se
reluzente nas duas metades do mundo.
Atrás da Aurora que se aproxima brilhando ao longe tu vais,
ó Agni, ávido de bens valiosos.

7 No fundamento da verdade, impelindo (as vacas) das Auroras,
o touro ingressou nas duas grandes metades do mundo.
Grande é a força mágica de Mitra, de Varuṇa; tal como
a cintilante o seu brilho, ela se dispersa ao longe em
toda parte.

Comentário

Este hino, único dedicado a Aurora na terceira maṇḍala, divide-se em duas partes. Nas estrofes 1–3, o poeta interpela diretamente a deusa, na segunda pessoa (o vocativo *úṣaḥ* "ó Aurora" abre as três primeiras estrofes), convocando-a para vir e desfrutar do louvor que lhe é prestado, enquanto a descreve aproximando-se brilhante e conduzida por seus cavalos. Imperativos e verbos no presente durativo intercalam súplicas e exortações às descrições (*juṣasva* "desfruta" 1b, *carasi* "avanças" 1d, *ví bhāhi* "brilha ao longe" 2a, *ā́ ... vahantu* "que conduzam para cá" 2c, *tiṣṭhasi* "tu te postas" 3b, *ā́ vavr̥tsva* "vem rolando para cá" 3d). Da estrofe 4 em diante, os verbos associados à deusa figuram no perfeito (*paprathe* "estende-se" 4d, *ruruce* "luziu" 5d) e no aoristo (*aśret* "fixou" 5c, *abodhi* "foi desperta" 6a, *asthāt* "postou-se" 6b), este último como referência a eventos que acabam de ocorrer. Outros dois interlocutores entram em cena: uma segunda pessoa do plural na estrofe 5, referindo-se aos participantes ou cantores presentes na ocasião ritual, e Agni, o deus do fogo ritual, na estrofe 6. A última estrofe faz menções oblíquas à cosmologia védica, destoando em certa medida do restante do hino.

Outra maneira de dividir o hino são os temas em que ele se reparte. O tema dos cavalos e da carruagem da Aurora é bastante utilizado ao longo das primeiras quatro estrofes, desde a primeira estrofe com a menção dos prêmios (1a), passando pelo chamado para que ela venha "girando qual uma roda" (3d), até o curioso símile, "como quem solta as rédeas" (4a). Este tema desaparece com o imperativo de segunda pessoa da estrofe 5 (*prá ... bharadhvam* "proferi" 5b), a partir do qual o tema mais saliente passa a ser o ritual e a cosmologia a ele associada.

Primeira parte (1–4)

Na primeira parte, o poeta interpela a deusa com imperativos para que venha desfrutar do hino que lhe é oferecido, assinalando características da Aurora que a tornam digna dele. Isso é feito por meio tanto de adjetivos e epítetos laudatórios quanto de orações com verbos no indicativo presente, que descrevem as ações habituais da deusa. Afora a contraposição *purāṇī́ ... yuvatíḥ* "ancestral ... jovem" (1c), clara alusão ao tema da multiplicidade da Aurora, deusa eterna mas que se renova a cada dia, seus cavalos e o carro que a conduzem são especialmente realçados: Aurora porta o prêmio (*vā́jena vājini* 1a, notar a repetição do tema *vā́ja-* "prêmio"), sua carruagem é cintilante (*candrárathā* 2b), seus cavalos são fáceis de guiar (*suyámāso áśvāḥ* 2c) e dotados de flancos largos (*pr̥thupā́jasaḥ* 2d). As ações solicitadas à deusa ou aos seus cavalos também marcam esse tema: pede-se que seus cavalos de fácil condução a conduzam para cá (*ā́ tvā vahantu suyámāso áśvāḥ* 2c), que ela venha rolando como uma roda (*cakrám iva ... ā́ vavr̥tsva* 3d), e, de fato, ela se aproxima como quem desafrouxa as rédeas, talvez impondo velocidade ao carro (*áva syū́meva cinvatī́ ... uṣā́ yāti* 4ab). A interpretação desse símile, no entanto, não é inequívoca: *syū́man-* "rédeas" pode ser interpretado como "cinto, fio"; nesse caso, ter-se-ia algo do tipo "como quem desabrocha o cinto" ou "como quem desfaz a costura (do vestido da Noite?)". Essas interpretações, ainda que conformes tanto à feminilidade e à sensualidade da deusa quanto ao ofício de tecelã — que, supõe-se, faz parte da realidade feminina na era védica —, são pouco prováveis dada a frequência de temas relacionados a cavalos e carruagens nos hinos a Aurora, sendo preferível a leitura "soltar as rédeas" (ver JAMISON, blog, *ad loc.*).

Seja como for, um dos epítetos utilizados, "senhora dos pastos" (*svásarasya pátnī* 4b), também parece reforçar o tema agrário que, na última estrofe, é rematado na cena pastoril do touro impelindo as vacas da Aurora. A segunda metade da estrofe 4 dá fecho à interpelação da deusa, que, gerando o Sol, passa a estar presente para a continuidade do rito. Com a presença da Aurora garantida, os imperativos da primeira parte do hino dão espaço a aoristos e perfeitos que descrevem as ações da deusa.

Segunda parte (5–7)

Antes de mais nada, o poeta apresenta aos circunstantes a deusa brilhante (*áchā vo devī́m uṣásaṃ vibhātī́m* "(chamo) a vós a deusa Aurora, que brilha ao longe" 5a) e os incita a proferir um hino "bem torneado" (*suvr̥ktím* 5b), prometido à deusa logo na abertura do poema (*stómaṃ juṣasva gr̥ṇatáḥ* "desfruta do louvor do cantor" 1b). A Aurora, que habitualmente se posta "ereta como o sinal luminoso do imortal" (*ūrdhvā́ tiṣṭhasi amŕ̥tasya ketúḥ* 3b), acaba de fazê-lo agora, fixando seu flanco ereto no céu (*ūrdhvám ... diví pā́jo aśret* 5c). Uma vez que o hino bem torneado produziu o resultado esperado de despertar a deusa (*divó arkaír abodhi* "a (filha) do Céu foi desperta" 6a), ela se posta reluzente nas duas metades do mundo, isto é, entre céu e terra (*ā́ ... ródasī citrám asthāt* "postou-se reluzente nas duas metades do mundo" 6b). O rito continua, e o fogo ritual, Agni, segue atrás da deusa brilhante, ávido de bens valiosos (6cd). Ou ele ou, mais provavelmente, o Sol — dada a referência em 4c (*súvar jánantī* "gerando o Sol"), embora aqui referido apenas como "touro" (*vŕ̥ṣā* 7b) — ingressa nas duas metades do mundo, impelindo as vacas da Aurora. A estas alude o genitivo possessivo *uṣásām* "das Auroras" (7a), o que levou outros a interpretar o genitivo como objeto do verbo principal "impelindo as Auroras" (ver JAMISON, blog, *ad loc.*).

A abertura da estrofe 6 é duplamente ambígua: *arká-*, substantivo formado com base em √*arc*, pode significar tanto "raio" como "canto", ao passo que √*budh* significa não só "despertar", como também "notar". Portanto, o sintagma *arkaír abodhi* (6a) parece significar a um só tempo "foi desperta pelos cantos" e "fez-se notar pelos raios". Talvez se trate de ambiguidade deliberada, que reflete a via de mão dupla entre os planos humano e divino, conforme aponta JAMISON (blog, *ad loc.*): se, por um lado, (crê-se que) o canto desperta a Aurora, por outro é a própria Aurora — nesse caso, seus raios — que enseja o rito matutino. Outro recurso poético, este algo mais simples, é a repetição do tema *r̥tá-* "verdade, ordem" na abertura das estrofes 6 e 7, que promove um nexo óbvio entre ambas: *r̥tā́varī diváḥ* "a veraz (filha) do céu" (6a) ... *r̥tásya budhné* "no fundamento da verdade" (7a).

Importa deixar claro que sujeito e objeto do último verso (7d) são difíceis de precisar. É possível que 7c seja uma oração predicativa: "grande é a força mágica de Mitra e Varuṇa". Nesse caso, o sujeito do verbo *ví dadhe* "dispersa" (7d) pode ser tanto o Sol quanto Agni, a depender de como se interpreta a referência ao touro em 7b. Outra opção é interpretar 7c como o sujeito da oração concluída em 7d: "a grande força mágica de Mitra e Varuṇa dispersou [algo] por toda a parte". O objeto da oração é ainda mais difícil de precisar, dado que não há nenhum substantivo ou pronome que figure no acusativo. A opção adotada por JAMISON (blog, *ad loc.*) é interpretar o verbo como reflexivo ("dispersa-se"), valendo-se de paralelos em que o verbo intransitivo ou reflexivo na voz média acompanha um símile no qual cabe suplementar, por sua vez, o verbo da oração principal com função transitiva, resultando na seguinte leitura: "tal como a cintilante (= Aurora) dispersa o seu brilho, ela (= força mágica) se dispersa ao longe em toda parte".

Caio Geraldes

Hino 4.51

Vāmadeva
triṣṭubh

1 a idám u tyát purutámam purástāj
b jyótis támaso vayúnāvad asthāt |
c nūnáṃ divó duhitáro vibhātī́r
d gātúṃ kr̥ṇavann uṣáso jánāya ||

2 a ásthur u citrā́ uṣásaḥ purástān
b mitā́ iva sváravo [a]dhvaréṣu |
c v[í] ū vrajásya támaso d[u]vā́r[ā]
d [u]chántīr avrañ chúcayaḥ p[a]v[ā]kā́ḥ ||

3 a uchántīr adyá citayanta bhojā́n
b rādhodéyāy[a] [u]ṣáso maghónīḥ |
c acitré antáḥ paṇáyaḥ sasant[u]
d ábudhyamānās támaso vímadhye ||

4 a kuvít sá devīḥ sanáyo návo vā
b yā́mo babhūyā́d uṣaso vo adyá |
c yénā návagve áṅgire dáśagve
d saptā́s[i]ye revatī revád ūṣá ||

5 a yūyáṃ hí devīr r̥tayúgbhir áśvaiḥ
b pariprayāthá bhúvanāni sadyáḥ |
c prabodháyantīr uṣasaḥ sasántaṃ
d dvipā́c cátuṣpāc caráthāya jīvám ||

6 a k[ú]va svid āsāṃ katamā́ purāṇī́
b yáyā vidhā́nā vidadhúr r̥bhūṇā́m |
c śúbhaṃ yác chubhrā́ uṣásaś cáranti
d ná ví jñāyante sadŕ̥śīr ajuryā́ḥ ||

7 a tā́ ghā tā́ bhadrā́ uṣásaḥ purā́sur
b abhiṣṭídyumnā r̥tájātasatyāḥ |
c yā́s[u] ījānáḥ śaśamāná ukthaí
d stuváñ cháṃsan dráviṇaṃ sadyá ā́pa ||

1 Eis que esta luz, a última de muitas, ergueu-se no leste com
seus padrões, vinda das trevas.
Agora as filhas do Céu, brilhando ao longe, as Auroras,
farão um caminho para as gentes.

2 Ergueram-se, as Auroras brilhantes, no leste, como postes
sacrificais fixados nos ritos.
Abriram as portas do cercado, das trevas, ao clarearem,
reluzentes e puras.

3 Ao clarearem hoje, as generosas Auroras iluminarão
os benfeitores a conceder dádivas.
Que os avaros durmam na ausência de iluminação,
sem despertarem no meio das trevas.

4 Deusas Auroras, acaso é um antigo curso ou um novo
para vós hoje,
ao longo do qual clareastes riqueza, ó ricas que sois, sobre
Navagva, sobre Aṅgira, sobre Daśagva de sete bocas?

5 Pois vós, deusas, percorreis em um único dia o circuito
das criaturas com cavalos atrelados pela verdade,
despertando, ó Auroras, os que dormem, os seres vivos
de dois pés e de quatro pés, para a atividade.

6 Onde afinal (está ela), qual delas a ancestral, durante a qual
(os deuses) distribuíram as distribuições dos Ṛbhus?
Quando as belas Auroras avançam em beleza, não se
distinguem, elas de mesma aparência, que não envelhecem.

7 Sim, elas, as auspiciosas Auroras existiram outrora, de fulgor
proeminente, cuja existência nasce da verdade,
em meio às quais o que sacrifica, o que labuta com hinos,
louvando e cantando, obtém riqueza em um único dia.

8 a tā́ ā́ caranti samanā́ purástāt
b samānátaḥ samanā́ paprathānā́ḥ |
c ṛtásya devī́ḥ sádaso budhānā́
d gávāṃ ná sárgā uṣáso jarante ||

9 a tā́ ín n^{ú} evá samanā́ samānī́r
b ámītavarṇā uṣásaś caranti |
c gū́hantīr ábhvam ásitaṃ rúśadbhiḥ
d śukrā́s tanū́bhiḥ śúcayo rucānā́ḥ ||

10 a rayíṃ divo duhitaro vibhātī́ḥ
b prajā́vantaṃ yachatāsmā́su devīḥ |
c s^{i}yonā́d ā́ vaḥ pratibúdhyamānāḥ
d suvī́r^{i}yasya pátayaḥ s^{i}yāma ||

11 a tád vo divo duhitaro vibhātī́r
b úpa bruva uṣaso yajñáketuḥ |
c vayáṃ s^{i}yāma yaśáso jáneṣu
d tád dyaúś ca dhattā́m pṛthivī́ ca devī́ ||

8 Elas avançam para cá, do mesmo modo, vindas do leste,
dispersando-se do mesmo lugar, do mesmo modo.
As deusas, despertando da sede da verdade, acordam como
jorros de vacas, as Auroras.

9 Assim elas próprias agora, as mesmas do mesmo modo,
com cores imutáveis, as Auroras avançam,
ocultando o vácuo negro com seus corpos fulgurantes,
luzidias, luzentes, fúlgidas.

10 Ó filhas do Céu, brilhando ao longe, conferi-nos riqueza em
descendentes, ó deusas.
Despertando de um local confortável em resposta a vós,
que sejamos senhores de heróis em abundância.

11 Ó filhas do Céu, brilhando ao longe, isto eu vos rogo,
ó Auroras, eu que tenho o sacrifício como sinal luminoso:
sejamos nós proeminentes entre os povos. Que isso nos
concedam tanto o Céu quanto a Terra deusa.

Comentário

Três são os temas principais do hino, organizados em pares opostos: multiplicidade/unidade, passado/presente, diferença/identidade. A esses, acrescem outros dois temas, secundários: despertar/dormir, luzes/trevas. Já se observou (JAMISON & BRERETON 2014: 635; JAMISON blog, *ad loc.*) que o hino é estruturado a partir do seu centro ("ônfalo"), e de fato se pode dividir o poema em duas partes, cada qual subdividida em outras duas, as quais emolduram a estrofe central (6). Na primeira parte (estrofes 1–5), a primeira seção (1–2) alude à questão da luz matinal que surge, única e singular, no exato momento em que o hino é entoado (*jyótiḥ* "luz" 1b, no singular), em oposição às múltiplas auroras (incluindo a presente), cuja referência é sempre plural (*uṣásaḥ* "auroras"), comparecendo em cada uma das estrofes do poema (exceto a 10). Presente e passado são o tema introduzido na segunda seção (3–5): as auroras clareiam hoje (*adyá* 3a, 4b) e clarearam no passado sobre os Aṅgiras, clã de sacrificadores míticos (4cd). A transição do passado ao presente também é o tema que abre a primeira seção (7–9) da segunda parte (7–11), agora com a adição do tema da diferença/identidade: as auroras de outrora são as mesmas que agora avançam com o mesmo brilho, sempre do mesmo modo, a um tempo únicas e eternas. É a esse paradoxo que se referem pergunta e resposta aninhadas na estrofe central (6): como identificar uma aurora específica, ou a primeira delas, numa sequência ininterrupta de auroras idênticas? Não há como, é a resposta, uma aurora não difere da outra, não envelhecem, a primeira e a última são iguais na aparência. Os três temas principais são assim contemplados no interior da estrofe, que expressa o enigma insolúvel de auroras únicas mas múltiplas, antigas porém atuais, diversas e ao mesmo tempo as mesmas. Fechando o hino e a segunda parte, a segunda seção (10–11) trata da *dakṣiṇā*, os honorários rituais, contendo o pedido por dádivas. O tema já aflorara nas estrofes 3 e 4, mas agora é explicitado. Por fim, os temas secundários do despertar e dormir (estrofes 3 e 5, 8 e 10) e das luzes e trevas (estrofes 1–3, 9) alinhavam a primeira e segunda partes, conferindo coesão adicional a uma estrutura global concêntrica. Em forma tabular (cf. JAMISON & BRERETON 2014: 635):

	Estrofe	Tema
Primeira parte	1–2	unidade → multiplicidade
	3–5	presente/passado
Estrofe central	6	enigma: pergunta e resposta
Segunda parte	7–9	passado → presente
	10–11	*dakṣiṇā*

Primeira parte (1–5)

Primeira seção (1–2)

A duplicação de dêiticos que abre o hino (*idám u tyát ... jyótiḥ* "ela, essa luz" 1ab) é retomada, em forma diversa, no *pāda* 7a, que inicia a segunda parte (*tā́ ghā tā́ḥ ... uṣásaḥ* "elas, as auroras"). Note-se a duplicação análoga em 1.92.1a *etā́ u tyā́ḥ* (cf. Apêndice, item 2.11). Outro nexo estrófico, unindo as estrofes inicial e central, é o uso do sufixo superlativo *-tama-*: 1a *purutámam* "a última de muitas" (ou talvez, mais literalmente, "a mais entre muitas", ou ainda "a primeira, a eminente entre muitas") e 6a *katamā́* "qual (entre muitas)", ambos relacionados às únicas referências no singular à Aurora e à sua luz. Aos dêiticos duplicados corresponde a duplicação sonora *purutámam purástāt* "a última de muitas, no leste" (1a); *purástāt* "no leste", por sua vez, que fecha o primeiro *pāda*, estabelece nexo estrófico com *purástāt* (2a), que fecha o primeiro *pāda* da segunda estrofe (2a). A coesão entre as estrofes que abrem o hino é sublinhada, ainda, por repetições vocabulares marcadas: *asthāt* "ergueu-se" (1b) e *ásthuḥ* "ergueram-se" (2a), abrindo a segunda estrofe e reforçando a transição do singular para o plural, que é o tema dessa seção; e a duplicação de *támasaḥ* "trevas" (1b, 2c), que cumpre tanto a função de ablativo ("vinda das trevas" 1b) como de genitivo ("portas das trevas" 2c).[1] Tal genitivo, aliás, dentro do sintagma, pode estar vinculado tanto às "portas" (*támaso duvā́rā* "portas das trevas") quanto ao "cercado" (*vrajásya támasaḥ* "[portas] do cercado das trevas"). A primeira opção parece a melhor, uma vez que o assíndeto formado por *vrajásya támaso duvā́rā* "as portas do cercado, das trevas", com função de objeto direto, acha-se duplicado pelo assíndeto do sujeito *śúcayaḥ pavākā́ḥ* "reluzentes (e) puras" (2d). O duplo assíndeto é ainda sublinhado pelo fato de o prevérbio *ví* "ao longe, para fora" (2c) ligar-se tanto ao verbo *avran* "abriram" (2d) quanto ao particípio *uchántīḥ* "clareando" (2d). Fecha-se, assim, com termos duplicados ("reluzentes e puras [auroras]"), a seção também iniciada com duplicação ("ela, essa [luz]"): essa com referente no singular, aquela no plural, mimetizando o conteúdo temático da transição do único ao múltiplo.

Segunda seção (3–5)

Entre primeira e segunda seções, o nexo é fornecido pela repetição de *uchántīḥ* "clareando", termo que inicia o último *pāda* da segunda estrofe (2d) e o primeiro da terceira estrofe (3a). Elo vocabular adicional é o fecho ao tema das luzes/trevas (retomado na estrofe 9), com a terceira menção a *támasaḥ* "trevas" (3d, 2c, 1b). No interior da seção, nexos óbvios são dados por *adyá* "hoje" (3a, 4b) e pelo tema do despertar/dormir, com uso de raízes verbais idênticas e dispostas em quiasmo: *sasantu | ábudhyamānāḥ* "durmam sem despertar" (3cd), *prabodháyantīḥ ... sasántam* "despertando os que dormem" (5c).[2] Além desses nexos, no-

1 Notar a justaposição contrastiva *jyótis támasaḥ* "luz vinda das trevas" (1b), inaugurando o tema secundário luzes/trevas que preenche as três primeiras estrofes (cf. Apêndice, item 2.4). O termo *vayúnāvat* "com seus padrões" (1b) figura em contexto análogo, de luz e trevas, em um hino a Indra (6.21.3ab): *sá ít támo avayunám tatanvát | sū́riyeṇa vayúnavac cakāra* "Ele [Indra] fez a escuridão *sem padrões* em sua extensão adquirir *padrões* por meio do sol". Que Aurora "crie padrões" (*vayúna- √kr̥*) é explicitado em duas passagens de nossa coleção: *ákrann uṣā́so vayúnāni pūrváthā* "as Auroras criaram seu padrão como outrora" (1.92.2c) e *uṣā́ uchántī vayúnā kr̥ṇoti* "a Aurora, reluzindo, cria o seu padrão" (1.92.6b).

2 Ver Apêndice, item 2.6. A dimensão totalizante de quantos são despertados pelas deusas (com exceção, aparentemente, dos avaros da estrofe 3), é expresso pelo merisma *dvipā́c cátuṣpāt ... jīvám* "seres vivos de dois pés (e) de

te-se que a raiz *yā-* "ir" subjaz a dois termos de relevância para a atividade divina, *yā́maḥ* "curso" (4b) e *pariprayāthá* "percorreis o circuito" (5b), e a raiz *vas/uṣ-* "brilhar, clarear" figura no início e fim das estrofes 3 e 4: *uchántīḥ* "clareando" (3a), *ūṣá* "clareaste" (4d), termo que ecoa o nome das deusas (*uṣā́saḥ* "Auroras"), repetido dez vezes ao longo do hino.[3] Termos assim usados como moldura, no início e no final de passagens ora mais, ora menos longas, não resultam, supostamente, do acaso. Na segunda metade da estrofe 3, por exemplo, *acitré* "ausência de iluminação" (3c) e *vímadhye* "no meio" (3d) são duas palavras no caso locativo que emolduram o período, em posições de destaque no verso, sendo que *a-citré*, com seu *a-* privativo ("sem"), é sublinhado pelo paralelo com *á-budhyamānāḥ* "sem despertar" que inicia o verso seguinte.[4]

Como laços externos à seção, relevantes para criar a coesão interna do poema, podem ser mencionados a partícula interrogativa *kuvít* "acaso" (4a), que antecipa o pronome interrogativo *kúva* "onde" (6a) da estrofe central; *sadyás* "em um único dia" (5b, 7d), que serve de junção entre a primeira e segunda partes — o primeiro com referência ao momento presente, o segundo com referência atemporal (ver abaixo); igualmente emoldurando o ônfalo do hino, os compostos *r̥tayúgbhiḥ* "atrelados pela verdade" (5a) e *r̥tájātasatyāḥ* "cuja existência nasce da

---

quatro pés" (5d). "Bípedes e quadrúpedes" também figuram em 1.49.3b *dvipác cátuṣpat* e 1.124.1d *dvipát ... cátuṣpat*. Sobre essa expressão polar, cf. Schmitt (1967: 12–3); sobre merismas em geral no horizonte da poética indo-europeia, cf. West (2022: 113–18).

3 Cf. Apêndice, item 2.1. Cabe notar que *revatī revád ūṣá* "clareastes riqueza, ó ricas que sois" (4d) pode ser vertido também por "clareastes ricamente" (advérbio); outra opção, que adotamos, é entender *revát* como "riqueza, fartura" (substantivo neutro), na função de objeto do verbo. O mesmo vale para 1.92.14c (*revád asmé ví ucha* "clareia riqueza/ricamente para nós": ver comentários *ad loc.*), 1.124.9d (*revád uchantu ... uṣā́saḥ* "que as Auroras clareiem riqueza/ricamente") e 10cd *revád ucha maghávadbhyaḥ ... revát stotré* "brilha riqueza/ricamente para os generosos ... riqueza/ricamente para quem louva".

4 *acitré* recupera ainda, como contraponto, a mesma raiz presente em *citrā́ḥ* "brilhantes" (2a) e *citayanta* "iluminarão" (3a), ambos referentes às auroras. Essa última forma verbal, um subjuntivo, contém um teor de volição ou desejo ("que iluminem"), assim como *kr̥ṇavan* "farão" (1d): "que façam".

verdade" (7b), o primeiro um atributo dos cavalos da Aurora, o segundo um atributo das deusas elas próprias.[5]

Estrofe central (6)

Como referido acima, *kúva* "onde" (6a) e *katamā́* "qual" (6a) retomam, respectivamente, *kuvít* "acaso" (4a) e *purutámam* "a última de muitas" (1a); a palavra que fecha o primeiro *pāda*, *purāṇī́* "ancestral" (6a), figura em contexto de temática análoga em 1.92.10a: *púnaḥ-punar jā́yamānā purāṇī́* "nascendo repetidamente, ancestral". São os deuses, provavelmente, o sujeito do verbo *vidadhúḥ* "distribuíram" (6b), como suplementado entre parênteses na tradução. A menção aos R̥bhus, artífices divinos, é obscura.[6] Porém a ideia de que auroras múltiplas são idênticas é reforçada pelo uso reiterado da mesma raiz, *śúbhaṃ yác chubhrā́ḥ* [= *yát śubhrā́ḥ*] (6c) "quando as belas em beleza" (já antecipado em *vidhā́nā vidadhúḥ* "distribuíram as distribuições" 6b), bem como pelo arranjo quiástico, no último *pāda*, de dois constituintes negados, atributos das auroras — *ná ví jñāyante* "não se distinguem", *a-juryā́ḥ* "que não envelhecem" —, reforçando, por contraste, o sentido copulativo de *sa-dŕ̥śīḥ* "de mesma aparência". Um último elo entre seções é conferido pelo sintagma *uṣásaś cáranti* "as Auroras avançam" (6c), repetido em 9b.

Segunda parte (7–11)

Primeira seção (7–9)

Notou-se acima que a duplicação dêitica que abre a segunda parte (*tā́ ghā tā́ḥ* ... *uṣásaḥ* "elas, as auroras" 7a) é antecipada na estrofe de

5 *r̥ta-yúj-* é aparentemente um composto com segundo elemento passivo (SCARLATA 1999: 425 afirma que a relação entre os membros do composto não é clara), mas talvez possa significar também "cuja trela é a verdade" (*r̥tá-* significa tanto "verdade" quanto "justiça"). Já *r̥tá-jāta-satyāḥ* "cuja existência nasce da verdade" é um raro composto com três membros (cf. JAMISON, blog, *ad loc.*). O último membro (*-satya-*, √*as* "ser") talvez ecoe *purā́suḥ* "existiram outrora" (= *purá āsuḥ*, √*as* "ser") (7a).

6 Também não é de todo seguro o suposto vínculo etimológico entre os R̥bhus e o grego Ὀρφεύς "Orfeu" (ver, no entanto, MASSETTI 2017).

abertura (*idám u tyát ... jyótiḥ* “ela, essa luz” 1a). Mas agora o pronome duplicado, índice da pluralidade das Auroras, transborda para as duas estrofes seguintes: *tā́ḥ* “elas” (8a), *tā́ ít* “elas próprias” (9a), delimitando essa seção. E o paralelismo dos termos que fecham o primeiro *pāda* das duas primeiras estrofes, também já notado (*purástāt ... purástāt* (7a) “no leste” 1a, 2a), reaparece aqui, no início da segunda parte, na forma de ecos sonoros: *purā́suḥ* “existiram outrora” 7a, *purástāt* “vindas do leste” 8a (cf. *purāṇī́* “ancestrais” 6a, também em final de verso). Talvez a duplicação se traduza, ademais, no uso pleonástico do particípio *budhānā́ḥ* “despertando” (8c) e do verbo *jarante* “acordam” (8d), que retoma o tema do despertar presente nas estrofes 3 e 5.

No interior da seção, o nexo mais óbvio é a repetição sonora e semântica de *samanā́* “do mesmo modo” (8a), *samānátaḥ samanā́* “do mesmo lugar, do mesmo modo” (8b), *samanā́ samānī́ḥ* “do mesmo modo, as mesmas” (9a). E o tema das luzes/trevas, presente nas três primeiras estrofes, reaparece de forma não trivial na descrição das Auroras que “ocultam as trevas com brilho” (9cd): *gū́hantīr ábhvam ásitaṃ rúśadbhiḥ | śukrā́s tanū́bhiḥ śúcayo rucānā́ḥ* “ocultando o vácuo negro com seus corpos fulgurantes, luzidias, luzentes, fúlgidas” — outra tradução possível seria “com suas (cores) fulgurantes, luzidias, luzentes, brilhando com os seus corpos”.[7] Note-se, mais uma vez, a disposição quiástica das raízes: *rúśadbhiḥ śukrā́ḥ ... śúcayo rucānā́ḥ* “fulgurantes, luzidias, luzentes, fúlgidas”.

Em um movimento que transcende a segunda parte, o tema da transição do passado ao presente inclui a primeira parte e a estrofe central. Passado e presente alternam-se entre as estrofes 4–7, segundo o tempo verbal (perfeito resultativo = passado, presente do indicativo = presente): *ūṣá* [perf.] “clareastes” (4d), *pariprayāthá* [pres.] “percorreis o circuito” (5b), *vidadhúḥ* [perf.] “distribuíram” (6b), *ná ví jñāyante* [pres.] “não se distinguem” (6d), *purā́suḥ* (= *purā́ āsuḥ*) [perf.] “existiram outrora” (7a). Na sequência, *ā́pa* (7d), um perfeito, quebra a alternância de tempo e atrai atenção sobre si: trata-se de perfeito “intem-

---

7 Vale comparar *gū́hantīr ábhvam ásitaṃ rúśadbhiḥ* “ocultando o vácuo negro com fulgurantes” (9c) a *gūḍhvī́ támo jyótiṣā* “ocultando a escuridão com luz” (7.80.2b). Sobre esse último, cf. Apêndice, item 2.4.

poral" (RENOU *ÉVP* 3: 74, mas cf. KÜMMEL 2000: 119), com significado tanto presente quanto pretérito, que se pode traduzir seja como "obtém", seja como "obteve". Aquele que sacrifica (ou sacrificou: *ījānáḥ* 7c [perf.]), que labuta (ou labutou: *śaśamānáḥ* 7c [perf.]) com hinos, obtém (ou obteve: *ā́pa* 7d [perf.]) riqueza em um único dia, seja no passado dos sacrificadores míticos (cf. estrofe 4), seja no momento presente dos sacrificadores atuais. Fundem-se, assim, passado e presente, ou antes o sucesso do sacrifício mítico ilumina, por meio do jogo de tempos verbais, o sucesso almejado do sacrifício atual. O que sacrificou (ou sacrifica: *ījānáḥ* 7c, √*yaj* "sacrificar") é o mesmo que agora, na estrofe final, faz o seu pedido na condição de *yajñáketuḥ* (11b) "detentor do sacrifício como sinal luminoso". No restante da seção, é o momento presente que se acha em foco, tal como refletido no tempo dos verbos principais, todos eles no presente: *caranti* "avançam" (8a), *jarante* "acordam" (8d), *caranti* "avançam" (9b).

Segunda seção (10–11)

O laço temático das duas últimas estrofes — o pedido, os honorários rituais — é tão evidente quanto a repetição marcada, nos *pādas* iniciais, da fórmula *divo duhitaro vibhātī́ḥ* "ó filhas do Céu, brilhando ao longe" (10a, 11a), que retoma a mesma locução da estrofe inicial (1c), a qual figura, porém, no nominativo — exemplos únicos dessa fórmula no plural. Efeito análogo é obtido pelo optativo *siyāma* "sejamos", que figura em ambas as estrofes (10d, 11c). Se antes eram as Auroras que despertavam (*prabodháyantīḥ* 5c) os que dormem, se eram elas que despertavam, que acordavam (*budhānā́ḥ* 8c, *jarante* 8d), agora são os poetas que, despertos em resposta a elas (ou talvez "diante" delas: *pratibúdhyamānāḥ* 10c), lhes dirigem o pedido por benesses.

José Marcos Macedo

Hino 4.52

Vāmadeva
gāyatrī

1 a práti ṣyā́ sūnárī jánī
b v^{i}uchántī pári svásuḥ |
c divó adarśi duhitā́ ||

2 a áśveva citrā́ ^{a}ruṣī
b mātā́ gávām ṛtā́varī |
c sákhābhūd aśvínor uṣā́ḥ ||

3 a utá sákhās^{i} aśvínor
b utá mātā́ gávām asi |
c utóṣo vásva īśiṣe ||

4 a yāvayáddveṣasaṃ t^{u}vā
b cikitvít sūnṛtāvari |
c práti stómair abhutsmahi ||

5 a práti bhadrā́ adṛkṣata
b gávāṃ sárgā ná raśmáyaḥ |
c óṣā́ aprā urú jráyaḥ ||

6 a āpaprúṣī vibhāvari
b v^{i} āvar jyótiṣā támaḥ |
c úṣo ánu svadhā́m ava ||

7 a ā́ dyā́ṃ tanoṣi raśmíbhir
b ā́ntárikṣam urú priyám |
c úṣaḥ śukréṇa śocíṣā ||

1 Esta impetuosa mulher, brilhando ao longe a partir de sua
irmã (= a Noite),
surgiu à frente, a filha do Céu.

2 Brilhante e rubra como uma égua, a mãe das vacas, dotada
de verdade,
tornou-se companheira dos Aśvins, a Aurora.

3 És tanto a companheira dos Aśvins quanto és mãe das vacas,
e tens também, ó Aurora, poder sobre os bens.

4 Em resposta a ti que afastas a hostilidade, de forma vigilante,
ó pródiga,
nós despertamos com louvores.

5 Seus raios auspiciosos surgiram à frente, como jorros de vacas[1]
a Aurora preencheu a ampla extensão.

6 Tendo-a preenchido, ó resplandecente, desvelaste a escuridão
com tua luz.
Ó Aurora, ajuda(-nos) segundo o teu arbítrio.

7 Pelo céu te estendes com raios, pelo amplo e querido espaço
intermediário,
ó Aurora, com fulgor fulgurante.

---

1 Ou talvez, com pontuação diversa: "... surgiram à frente como jorros de vacas. A Aurora preencheu...". A imagem do "jorro de vacas" reaparece em 4.51.8d.

Comentário

Hino breve, mas bem estruturado (ver abaixo), com destaque para a menção aos Aśvins, com quem Aurora divide o hino 1.92. Em contraste com o poema anterior, a deusa é invocada aqui apenas no singular, porém os seus papéis são múltiplos: ela é descrita como mulher, irmã, filha, mãe e companheira. Ao surgir, seu brilho preenche espaços, desperta o canto e afasta as trevas hostis — o feijão-com-arroz de sua rotina diária.

Primeira parte (1–3)

Deusa por natureza, Aurora não é menos mulher (*jánī* 1a), irmã (*svásuḥ* 1b) e filha (*duhitā́* 1c), termos que ocupam todos, em paralelo marcado, os finais de *pāda* da primeira estrofe. A palavra que inicia o poema, *práti* "à frente", constrói-se tanto com o particípio *viuchántī* "brilhando ao longe" (1b) quanto com o verbo finito *adarśi* "surgiu" (literalmente: "foi vista" 1c), sendo que este figura de permeio ao sintagma usual *divó duhitā́* "filha do Céu" e cria aliteração (notada por JAMISON, blog, *ad loc.*): *divó adarśi duhitā́* "a filha do Céu surgiu" (1c). Outros dois papéis da deusa seguem-se na estrofe seguinte, agora em início de *pāda*: *mātā́ gávām* "mãe das vacas" (2b) e *sákhā ... aśvínoḥ* "companheira dos Aśvins" (2c). Só depois de elencados esses cinco termos é que o nome da deusa (*uṣā́ḥ* 2c) é apensado como última palavra da estrofe, revelando a detentora dos papéis anteriormente descritos, destinatária do hino. E o termo de comparação que abre a segunda estrofe, *áśvā* "égua", é ecoado em *aśvínoḥ* "dos Aśvins" (2c), cujo sintagma *sákhābhūd aśvínoḥ* "tornou-se companheira dos Aśvins" serve para encadear essa estrofe à seguinte, que traz no primeiro *pāda* *sákhāsi aśvínoḥ* "és a companheira dos Aśvins" (3a). Cria-se, assim, um arranjo em quiasmo: *mātā́ gávām* (2b), *sákhā ... aśvínoḥ* (2c), *sákhā ... aśvínoḥ* (3a), *mātā́ gávām* (3b).[1]

1 Sobre os epítetos da Aurora relacionados a vacas, cf. Apêndice, item 3.

Segunda parte (5–7)

Concatenação explícita, com repetição vocabular, é garantida pelos pares *aprāḥ* "preencheu" (5c) — *āpaprúṣī* "tendo preenchido" (6a) e *raśmáyaḥ ... urú* "raios ... ampla" (5bc) — *raśmíbhiḥ ... urú* "com raios ... amplo" (7ab).[2] Acresce a eles a presença do nome divino encabeçando o *pāda* final das três últimas estrofes, com variação de caso (poliptoto): *óṣā́* 5c (= *ā́ uṣā́ḥ*: nominativo), *úṣo* 6c (= *úṣaḥ*: vocativo), *úṣaḥ* 7c (= vocativo). Cabe notar ainda, no interior da estrofe 6, o jogo sonoro entre raízes diversas, no início e no final de verso: *ví āvaḥ* "desvelaste" (6b), √*var/vr̥* "cobrir", e *ava* "ajuda!" (6c), √*av* "ajudar".

Outros laços, estes entre a primeira e segunda partes, também podem ser apontados. Como por exemplo, no início de cada uma delas, a repetição da raiz *darś/dr̥ś-* "ver" em *práti ... adarśi* "surgiu à frente" (1ac) e *práti ... adr̥kṣata* "surgiram à frente" (5a), com uso adverbial de *práti* (a preposição *práti* em 4c será tratada adiante). Ou ainda o paralelismo, nas estrofes finais de cada uma das partes, de repetições rematadas pelo nome divino: *utá ... utá ... utóṣaḥ* (= *utá uṣaḥ*) "e... e... e Aurora..." (3abc), *ā́ ... ā́ntárikṣam* (= *ā́ antárikṣam*) ... *úṣaḥ* "ao longo de ... ao longo de ... Aurora..." (7abc).

Com relação à estrofe 5, em específico, note-se que a locução "jorros de vacas" (*gávāṃ sárgāḥ* 5b) também figura em 4.51.8d, e que o *pāda* 5a (*práti bhadrā́ adr̥kṣata* "seus raios auspiciosos surgiram à frente") é retomado em 1.48.13b.[3] O verso final do hino é repetido em 1.48.14d (notar a figura etimológica *śukréṇa śocíṣā* "com fulgor fulgurante").

Estrofe central (4)

Nexo também é criado entre a estrofe central e as partes que a flanqueiam. O epíteto único *sūnr̥tāvari* "pródiga" (4b), um hápax com sufixo feminino *-varī* (masc. *-van-*) em vez de *-vatī* (masc. *-vant-*), remata a sequência iniciada no primeiro verso: *sūnárī* "impetuosa" (1a), *r̥tā́varī* "dotada de verdade" (2b) → *sūnr̥tāvari*, que combina elementos compo-

2 Em 7a, *raśmí-* também pode significar "rédea", com o que se faria referência à carruagem da Aurora.

3 Para outras repetições no interior de nossa coleção, ver Apêndice, item 1.

sicionais dos dois termos anteriores. O elo entre *práti* ... *adarśi* "surgiu à frente" (1ac) e *práti* ... *adr̥kṣata* "surgiram à frente" (5a) já foi indicado acima; na estrofe central, *práti* também figura, não como advérbio, mas como preposição regendo os acusativos que abrem a estrofe: *yāvayáddveṣasaṃ tuvā* ... *práti stómair abhutsmahi* "em resposta a ti que afastas a hostilidade ... nós despertamos com louvores" (4ac). Ou seja, aqui *práti* "em resposta a" liga-se aos outros dois *práti* "à frente", mas destaca-se pela sua função diversa, análoga a 5.80.1d, onde ao acusativo *uṣásam* "Aurora" segue-se igualmente *práti* + instrumental + verbo na voz média: *práti víprāso matíbhir jarante* "em resposta à/à frente da Aurora, os poetas inspirados despertam com poemas". Porém aqui *práti* atua também como artifício estrutural, ligando-se e contrapondo-se aos dois *práti* que o emolduram, um abrindo a primeira parte, outro a segunda. Entre *práti* da estrofe central e seu complemento acusativo intercalam-se, no exato centro do hino, dois *hapax legomena*, *sūnr̥tāvari* "ó pródiga" (visto acima) e o advérbio *cikitvít* "de forma vigilante" (4b). Este se refere, aparentemente, ao verbo principal da oração, *abhutsmahi* "despertamos" (4c), mas é possível também interpretá-lo como ligado ao composto *yāvayád-dveṣas-* (4a): "tu que afastas a hostilidade de forma vigilante...". RENOU (*ÉVP* 3: 77) nota, de fato, que *cikitvít* é termo mais apropriado à deusa que aos humanos, em vista de *cíkitsantī* "atenta" (1.123.1d) e *cékitānā* "luzidia/vigilante ao extremo" (1.113.15b), sendo talvez uma hipálage. Antes, pela sua posição estrutural no hino e por sua peculiaridade morfológica e semântica, *cikitvít* talvez cumpra uma função deliberadamente ambígua, no propósito de sugerir que a vigilância, apanágio divino quando se trata de afastar as trevas, é compartilhada pelos poetas, que, vigilantes, despertam das trevas para louvar a deusa.

José Marcos Macedo

Hino 5.79

Satyaśravas Ātreya
paṅkti

1 a mahé no adyá bodhay[a]
b [ú]ṣo rāyé divítmatī |
c yáthā cin no ábodhayaḥ
d satyáśravasi vāy[i]yé súјāte áśvasūnr̥te ||

2 a yā́ sunīthé śaucadrathé
b v[í] aúcho duhitar divaḥ |
c sā́ v[í] ucha sáhīyasi
d satyáśravasi vāy[i]yé sújāte áśvasūnr̥te ||

3 a sā́ no adyā́bharádvasur
b v[í] uchā duhitar divaḥ |
c yó v[í] aúchaḥ sáhīyasi
d satyáśravasi vāy[i]yé sújāte áśvasūnr̥te ||

4 a abhí yé tvā vibhāvari
b stómair gr̥ṇánti váhnayaḥ |
c maghaír maghoni suśríyo
d dā́manvantaḥ surātáyaḥ sújāte áśvasūnr̥te ||

5 a yác cid dhí te gaṇā́ imé
b chadáyanti magháttaye |
c pári cid váṣṭayo dadhur
d dádato rā́dho áhrayaṃ sújāte áśvasūnr̥te ||

6 a aíṣu dhā vīrávad yáśa
b úṣo maghoni sūríṣu |
c yé no rā́dhāṃs[i] áhrayā
d maghávāno árāsata sújāte áśvasūnr̥te ||

7 a tébhyo dyumnám br̥hád yáśa
b úṣo maghon[i] ā́ vaha |
c yé no rā́dhāṃs[i] áśv[i]yā
d gavyā́ bhájanta sūráyaḥ sújāte áśvasūnr̥te ||

1 Desperta-nos hoje, ó Aurora, para grande riqueza, tu dotada
de esplendor,
tal como nos despertaste na casa de Satyaśravas Vāyya,
ó bem-nascida, pródiga em cavalos.

2 Tu que brilhaste ao longe na casa de Sunītha Śaucadratha,
ó filha do Céu,
brilha ao longe na casa do mais poderoso Satyaśravas Vāyya,
ó bem-nascida, pródiga em cavalos.

3 Trazendo bens para cá, brilha ao longe para nós hoje,
ó filha do Céu,
tu que brilhaste ao longe na casa do mais poderoso
Satyaśravas Vāyya,
ó bem-nascida, pródiga em cavalos.

4 Os guias (do rito) que te cantam com louvores,
ó resplandecente,
por meio de generosidades, ó generosa, são gloriosos,
ricos em dádivas, em belos presentes,
ó bem-nascida, pródiga em cavalos.

5 Quando quer que estas gentes te pareçam (aptas) à dádiva
de bens,
desejosas elas circundam os que dão benesse desmedida,
ó bem-nascida, pródiga em cavalos.

6 Neles deposita glória feita de heróis, ó Aurora generosa,
nos patronos
que, generosos, nos conferiram benesses desmedidas,
ó bem-nascida, pródiga em cavalos.

7 A eles, ó Aurora generosa, traz resplendor e glória excelsa,
aos patronos
que nos aquinhoam benesses feitas de cavalos e vacas,
ó bem-nascida, pródiga em cavalos.

8 a utá no gómatīr íṣa
b ā́ vahā duhitar divaḥ |
c sākáṃ sū́ryasya raśmíbhiḥ
d śukraíḥ śócadbhir arcíbhiḥ sújāte áśvasūnr̥te ||

9 a v^{i} uchā duhitar divo
b mā́ ciráṃ tanuthā ápaḥ |
c nét tvā stenáṃ yáthā ripúṃ
d tápāti sū́ro arcíṣā sújāte áśvasūnr̥te ||

10 a etā́vad véd uṣas t^{u}vám
b bhū́yo vā dā́tum arhasi |
c yā́ stotŕ̥bhyo vibhāvar^{i}
d uchántī ná pramī́yase sújāte áśvasūnr̥te ||

8 E nos traz bálsamos na forma de vacas, ó filha do Céu,
junto com os raios do sol, com seus fachos fulgentes,
fulgurantes,
ó bem-nascida, pródiga em cavalos.

9 Brilha ao longe, ó filha do Céu, não estendas teu ofício
de modo a alongá-lo,
sob pena de o sol te chamuscar com seu facho como a um
ladrão insidioso,
ó bem-nascida, pródiga em cavalos.

10 É esse tanto, ó Aurora, que tu deves dar, ou mais,
tu que, ao alvorecer para quem (te) louva, ó resplandecente,
não decresces,
ó bem-nascida, pródiga em cavalos.

Comentário

Hino de refrão contínuo ("ó bem-nascida, pródiga em cavalos"), cujo tema central são os ganhos — ganhos imateriais dos patronos e ganhos materiais dos poetas. Era no ritual da alvorada, associado à deusa Aurora, que se distribuíam, afinal, os honorários rituais (*dakṣiṇā*). O esquema de triangulação é conhecido: poetas louvam a divindade, que gratifica os patronos, os quais por sua vez retribuem os poetas com benesses. Nomeiam-se alguns patronos na primeira parte, e na parte central os patronos como um todo são descritos como beneficiários da Aurora, a quem se roga retribuí-los a fim de que possam prover os poetas com sua munificência. Na parte final, a comparação de uma Aurora morosa com um ladrão ardiloso chama a atenção, sobretudo porque inserida numa admoestação à deusa.

Primeira parte (1–3)

Os vocativos *duhitar divaḥ* "filha do Céu" (2b, 3b), além de conectarem as estrofes, talvez guardem relação com *divítmatī* (1b) "dotada de esplendor", mas cujo sentido original talvez seja "vinda do céu" (JAMISON, blog, *ad loc.*). Não só os vocativos figuram em paralelo, mas também a estrutura maior na qual estão inseridos (estrofes 2–3). Ao imperfeito *ví aúchaḥ* "brilhaste ao longe" (2b) corresponde o imperativo *ví uchā* "brilha ao longe" (3b); a *ví ucha* "brilha ao longe" (2c) corresponde *ví aúchaḥ* "brilhaste ao longe" (3c); a *yā́* "tu que" (2a) corresponde *sā́* [conectivo][1] (3a), a *sā́* [conectivo] (2c) corresponde *yó* (= *yā́* + *u*) "tu que" (3c); *sáhīyasi* (2c) = *sáhīyasi* (3c) "mais poderoso". Em forma de tabela, para facilitar a visualização:

	estrofe 2			**estrofe 3**		
a	*yā́*			*sā́*		
b		*ví aúchaḥ*	*duhitar divaḥ*		*ví uchā*	*duhitar divaḥ*
c	*sā́*	*ví ucha*	*sáhīyasi*	*yó*	*ví aúchaḥ*	*sáhīyasi*

1 Trata-se do chamado "*sá* figé", um pronome demonstrativo usado como conectivo (ver JAMISON 1992).

Note-se a ordem quiástica ABBA em dois níveis: *ví aúchaḥ — ví ucha — ví uchā — ví aúchaḥ* e *yā́ — sā́ — sā́ — yā́*. No plano dos modos verbais, a sequência estende-se, aliás, para os verbos da primeira estrofe, com alternância regular entre imperfeito (IPF) e imperativo (IMP) segundo o esquema IMP — IPF — IPF — IMP — IMP — IPF: *bodhaya* "desperta!" (1a) — *ábodhayaḥ* "despertaste" (1c) — *ví aúchaḥ — ví ucha — ví uchā — ví aúchaḥ*. Por último, entre as estrofes 1 e 3, outro elo é criado com o paralelismo da sequência pronome e advérbio *no adyá* "nos/para nós hoje" (1a, 3a), sendo o primeiro enclítico *naḥ* um acusativo, o segundo um dativo. Mais óbvia, porém não menos efetiva como elemento coesivo, é a tripla repetição de *satyáśravasi vāyiyé* "(na casa de) Satyaśravas Vāyya" em sedes métricas iguais (1d, 2d, 3d).

Parte central (4–8)

A parte central subdivide-se em outras três: as estrofes 4–5 tratam dos poetas, as estrofes 6–7, dos patronos, e a estrofe 8 retorna aos poetas (outro quiasmo, agora temático). Parece, de início, que a alternância entre pronome relativo *yá-* e conectivo *sá-* terá seguimento com *yé* "os quais" (4a), mas a expectativa é frustrada pela ausência de pronome resumptivo e verbo na oração principal. Os atributos contidos na oração matriz dessa estrofe referem-se aos poetas: *suśríyaḥ* "gloriosos" (4c), *dā́manvantaḥ* "ricos em dádivas" (4d), *surātáyaḥ* "de belos presentes" (4d). Os compostos em *su-* que fecham os *pādas* 4cd, sublinhados acima, são ecoados em *sújāte áśvasūnr̥te* "bem-nascida, pródiga em cavalos" do refrão (4e), que assim é parcialmente integrado à estrofe (sendo de resto, ao longo do hino, sintaticamente destacável, inclusive por se tratar de um vocativo).

A interpretação dos *pādas* 5cd segue Jamison & Brereton (2014: 762; detalhes em Jamison, blog, *ad loc.*): *dádataḥ* "que dão" (5d) é um acusativo plural e *pári* ... √*dhā* (5c) significa "circundar". A imagem é a de poetas em bando (*gaṇá-* 5a) que, com aval da deusa, circundam os patronos em busca de recompensa pelos serviços poéticos prestados. Nexo entre a subseção dedicada aos poetas (4–5) e aquela devotada aos patronos (6–7) é oferecido pelo paralelo de duas locuções idênticas, no singular e plural: *rā́dho áhrayam*, "benesse desmedida" (5d), *rā́dhāṃsi áhrayā* "benesses desmedidas" (6c).

Já entre as estrofes 6 e 7, em que o foco recai sobre os patronos, os laços são mais estreitos. Ambas iniciam com pronomes, *aíṣu* "neles" (= *ā́ éṣu*) e *tébhyaḥ* "a eles", correlativos a *yé* "os quais" (respectivamente 6c, 7c); entre ambos os pronomes (correlativo e relativo) intercala-se o mesmo vocativo, *úṣo maghoni* "ó Aurora generosa", na mesma sede métrica (6b, 7b). E, na mesma sede métrica, *rā́dhāṃsi áhrayā* "benesses desmedidas" (6c) contrapõe-se a *rā́dhāṃsi áśviyā* "benesses feitas de cavalos" (7c). Note-se também, igualmente com homoteleuto, *vīrávad yáśaḥ* "glória feita de heróis" (6a) e *bṛhád yáśaḥ* "glória excelsa" (7a).[2] Em formato tabular:

	estrofe 6		**estrofe 7**	
a	*aíṣu*	*vīrávad yáśaḥ*	*tébhyaḥ*	*bṛhád yáśaḥ*
b	*úṣo maghoni*		*úṣo maghoni*	
c	*yé naḥ*	*rā́dhāṃsi áhrayā*	*yé naḥ*	*rā́dhāṃsi áśviyā*

Como se vê, o esquema não é rígido, com variação não só vocabular como também sintática. O núcleo externo da oração relativa na estrofe 6, *sūríṣu* "patronos" (6b, locativo tal como *éṣu* "neles" 6a, que ocupam respectivamente final e início do *pāda*), tem como contraponto *sūráyaḥ* "patronos" (7d), núcleo *interno* à oração relativa situado ao final da estrofe, antes do refrão: *aíṣu* ... *sūríṣu yé* "neles ... nos patronos que..." (6abc) vs. *tébhyaḥ* ... *yé* ... *sūráyaḥ* "a eles, os patronos que..." (7acd).

Coesão suplementar, nessa segunda parte, é emprestada pelos ecos do vocativo *maghoni* "generosa" (6b, 7b) em *maghávānaḥ* "generosos" (6d), *magháttaye* "dádiva de bens" (5b), *maghaír maghoni* "por meio de generosidades, ó generosa" (4c), em um leque estrófico amplo (4–7). E, ainda, pela duplicação de *ā́ vaha* "traz!" (7b, 8b) e pela sequência em início de estrofe: *aíṣu*... "neles" (6a), *tébhyaḥ*... "a eles" (7a), *utá naḥ*... "e a nós" (8a), que serve de transição entre temas estróficos (patronos → poetas). Como fecho da seção, repare-se no homoteleuto, organizado

2 A princípio, *bṛhát* "excelso", pode referir-se tanto à glória quanto a ambos, glória (*yáśaḥ*: neutro) e brilho (*dyumnám*: neutro): *dyumnám bṛhád yáśaḥ* "brilho e glória excelsos".

em quiasmo, de temas sinônimos: *raśmíbhiḥ* | *śukraíḥ śócadbhir arcíbhiḥ* "com os raios do sol, com seus fachos fulgentes, fulgurantes" (8cd) (cf. 4.52.7c *śukréṇa śocíṣā* "com fulgor fulgurante", no fecho do hino).

Parte final (9–10)

A abertura da estrofe 9, *ví uchā duhitar divaḥ* "brilha ao longe, ó filha do Céu", retoma a primeira parte em uma estrutura em anel, com repetição do mesmo verso, *ví uchā duhitar divaḥ* (3b), o qual, como vimos, faz par com *ví aúcho duhitar divaḥ* "brilhaste ao longe, ó filha do Céu" (2b). Embora a comparação da deusa Aurora a um ladrão seja peculiar, o sentido geral da estrofe parece relativamente claro: tal como o ladrão noturno que se retarda é pego em flagrante pelo nascer do sol, assim também a deusa, caso se atrase, será chamuscada pelo astro.[3]

Às duas formas verbais associadas a ordens na estrofe 9 — uma positiva, outra negativa (*ví uchā* "brilha" [imperativo] 9a, *mā́ ... tanuthāḥ* "não estendas" [injuntivo] 9b) — seguem, na estrofe 10, duas formas de presente do indicativo — uma afirmativa, outra negativa: *dā́tum arhasi* "deves dar"[4] (10b) e *ná pramī́yase* "não decresces"[5] (10d). Ordem e declaração, respectivamente, abrem e fecham a seção, tornando-a coesa. Note-se que proibição e negação são precedidas da raiz verbal *vas/uṣ-* "brilhar": *uchā ... mā́ ... tanuthāḥ* "brilha, não estendas" (9ab) e *uchántī ná pramī́yase* "brilhando, não decresces" (10d), criando um anel interno à parte final.[6] Por fim, cabe destacar que a alternância entre os modos

3 *sū́raḥ* (9d) também pode representar, não um nominativo, mas um genitivo, de modo que *nét tvā ... tápāti sū́ro arcíṣā* (9cd) significaria "sob pena de te chamuscar com o facho do sol". O sujeito implícito da ação, já se sugeriu, seria Varuṇa, deus que zela pela manutenção da lei e da ordem natural.

4 Mais literalmente: "esse é o teu valor para que dês" ou "esse é o valor que és capaz de dar".

5 O sentido exato do verbo é discutido, mas a acepção "decrescer, diminuir" é reforçada pela sequência *etā́vad vā* (10a) ... *bhū́yo vā* (10b) ... *ná pramī́yase* (10d), com sentido geral: "esse tanto ... ou mais ... não menos".

6 *stotṛ́bhyaḥ ... uchántī ná pramī́yase* (10cd) pode significar tanto "brilhando para quem louva não decresces" como "brilhando não decresces para quem louva".

imperativo e imperfeito do indicativo (forma usada para aludir ao passado remoto) nos verbos da primeira parte (ver acima) é substituída, na parte final, pela sequência imperativo/presente do indicativo: das celebrações pretéritas passa-se ao louvor atual do hino entoado.

José Marcos Macedo

Hino 5.80

Satyaśravas Ātreya
triṣṭubh

1 a dyutádyāmānam br̥hatī́m r̥téna
b r̥tā́varīm aruṇápsuṃ vibhātī́m |
c devī́m uṣásaṃ s^{ú}var āváhantīm
d práti víprāso matíbhir jarante ||

2 a eṣā́ jánaṃ darśatā́ bodháyantī
b sugā́n patháḥ kr̥ṇvatī́ yāt^{i} ágre |
c br̥hadrathā́ br̥hatī́ viśvaminv$^{ā́}$
d ^{u}ṣā́ jyótir yachat^{i} ágre áhnām ||

3 a eṣā́ góbhir aruṇébhir yujānā́
b ^{á}sredhantī rayím áprāyu cakre |
c pathó rádantī suvitā́ya devī́
d puruṣṭutā́ viśvávārā ví bhāti ||

4 a eṣā́ v^{í}enī bhavati dvibárhā
b āviṣkr̥ṇvānā́ tan^{ú}vam purástāt |
c r̥tásya pánthām án^{u} eti sādhú
d prajānatī́va ná díśo mināti ||

5 a eṣā́ śubhrā́ ná tan^{ú}vo vidān$^{ā́}$
b ^{ū}rdhvéva snātī́ dr̥śáye no asthāt |
c ápa dvéṣo bā́dhamānā támāṃs^{i}
d uṣā́ divó duhitā́ jyótiṣā́gāt ||

6 a eṣā́ pratīcī́ duhitā́ divó nr̥̄́n
b yóṣeva bhadrā́ ní riṇīte ápsaḥ |
c v^{i}ūrṇvatī́ dāśúṣe vā́r^{i}yāṇi
d púnar jyótir yuvatíḥ pūrváthākaḥ ||

1 Aquela cujo curso, excelsa, rebrilha através da verdade,
dotada de verdade ela própria, cujo sopro é rubro,
ela que brilha ao longe,
a deusa Aurora que conduz o sol para cá — em resposta a ela
os poetas inspirados despertam com poemas.

2 Ela, digna de ser vista, que desperta as gentes, que torna
os caminhos fáceis de trilhar, segue na vanguarda,
com uma carruagem excelsa, excelsa ela própria, pondo tudo
em movimento — a Aurora estende sua luz na vanguarda
dos dias.

3 Ela, atrelando-se às vacas rubras, sem equívoco criou riqueza
sem cessar.
Desbravando caminhos para o bom progresso, a deusa,
louvada por muitos, dotada de tudo o que é desejável, brilha
ao longe.

4 Ela, matizada, torna-se duplamente vigorosa ao revelar
seu corpo a leste,
segue o caminho da verdade, em linha reta — como alguém
que sabe, não confunde as direções.

5 Ela, como uma beldade consciente de seu corpo, postou-se
como quem se banha ereta para que a vejamos,
rechaçando o ódio e as trevas — a Aurora, filha do Céu,
chegou com sua luz.

6 Ela, a filha do Céu, voltada para os homens, faz transbordar
seu peito como uma donzela bem-aventurada,
desvelando ao devoto coisas desejáveis. Mais uma vez a jovem
criou a luz como antes.

Comentário

Em duas metades divide-se o hino. A primeira destaca o percurso da Aurora, o caminho por ela trilhado (estrofes 1–3); a segunda concentra-se em seus dotes corporais, sua beleza (estrofes 4–6). Não há refrão, mas cada estrofe, exceto a primeira, inicia com o pronome "ela", de natureza enfática, cuja sonoridade (*eṣā́*) é vizinha ao nome da deusa (*uṣā́ḥ*). Seu caminho é conforme à ordem, à verdade (*r̥tá-*), e sua beleza é luxuriosa, de traços sensuais.

Ambas as metades, embora diversos os seus temas, são unidas por meio de recursos formais. Estrofes 2–6, como notado, iniciam com o pronome *eṣā́* "ela", e duas delas, as estrofes centrais de uma e outra metade (2 e 5), explicitam o jogo sonoro entre pronome e nome divino ao fazê-los figurar, respectivamente, na abertura do primeiro e último *pāda* (*eṣā́* 2a ... *uṣā́ḥ* 2d ... *eṣā́* 5a ... *uṣā́ḥ* 5d). Início e fim também são alinhavados pela repetição de um mesmo tema, *práti* "em resposta a" (1d) e *pratīcī́* "voltada a" (6a), ambos os termos (preposição e adjetivo) completados por acusativo: no primeiro caso, *práti* refere-se aos humanos, e os acusativos, à deusa; no outro, *pratīcī́* faz referência à deusa, e o acusativo *nr̥̄́n* "homens" (6a), aos humanos.

Primeira parte (1–3)

A Aurora, que no restante do hino é sujeito das ações, figurando sempre no nominativo, abre o canto referida em outro caso, em uma sequência notável de acusativos, oito ao todo, dependentes de *práti* "em resposta a" (1d): *dyutádyāmānam, br̥hatī́m, r̥tā́varīm, aruṇápsum, vibhātī́m, devī́m, uṣásam, āváhantīm* (1abc). O adjetivo *aruṇápsu-* "cujo sopro é rubro" ressurge, em nossa coleção, no hino 1.49 (1c), onde se refere ao sopro dos cavalos da deusa; em outro poema, esse dedicado aos Aśvins (8.73), o termo figura em contexto análogo, ao lado (como aqui) de *r̥tā́varī* "dotada de verdade": *aruṇápsur uṣā́ abhūd* | *ákar jyótir r̥tā́varī* "com o seu sopro rubro, a Aurora surgiu; dotada de verdade, ela fez a luz" (16ab). E a preposição *práti*, precedida de acusativo, também ocorre, com instrumental e verbo matriz sinônimos, em *yāvayáddveṣasaṃ tuvā ... práti stómair abhutsmahi* "em resposta a ti que afastas a hostilidade ... despertamos com louvores" (4.52.4ac), paralelo ao nosso *práti víprāso matíbhir jarante* "em resposta, despertam com poemas os poetas inspirados" (1d). Nesse último caso, como já se sugeriu (GOTŌ 1987: 150, n. 227), talvez tenha havido a deliberada mescla entre a raiz *gar-/jar-/gr̥-* "despertar" e a raiz *jar-* "cantar, saudar", de modo que, aqui, não seria despropositado cogitar nesta acepção: "os poetas inspirados cantam/saúdam por meio de poemas". Tanto mais que, no verso seguinte, o termo em paralelo ao final do *pāda*, o particípio *bodháyantī* "despertando" (fem.), cria um jogo quem sabe intencional entre sentidos a um tempo sinônimos e diversos. Em apoio a tal hipótese, compare-se o seguinte *pāda* de um hino de nossa coleção, *práti víprāso matíbhir gr̥ṇántaḥ* "em resposta, os poetas inspirados, cantando" (7.78.2b):

5.80.1d–2a	7.78.2ab
*práti víprāso matíbhir **jar**ante* *... **bodh**áyantī ...*	*... **jar**ate ...* *práti víprāso matíbhir **gr̥**ṇántaḥ*
"os poetas inspirados cantam (?) com poemas" "... despertando ..." (fem. sg.)	"... desperta ..." "em resposta, os poetas inspirados, cantando"

Atente-se, ainda, para *práti stómebhir uṣásaṃ vásiṣṭhāḥ | ... víprāsaḥ ... abudhran* "em resposta à Aurora, com louvores, os Vasiṣṭha, poetas inspirados, despertaram" (7.80.1ab), que cria um esquema semi-formular:

5.80.1d	*práti*	*víprāso*	*matíbhir*	*jarante* "despertam"? "cantam"?
7.78.2b	*práti*	*víprāso*	*matíbhir*	*gr̥ṇántaḥ* "cantando"
7.80.1ab	*práti*	*stómebhiḥ*	*... víprāsaḥ ...*	*abudhran* "despertaram"

Na estrofe 2, o sintagma *br̥hadrathā́ br̥hatī́* "com uma carruagem excelsa, excelsa ela própria" (2c) não apenas retoma formalmente *r̥téna r̥tā́varīm* "através da verdade, dotada de verdade ela própria" (1ab), mas é também, por sua vez, emoldurado por outra repetição, agora de natureza especificadora: *ágre ... ágre áhnām* "na vanguarda ... na vanguarda dos dias" (2b, 2d). O composto *br̥hadrathá-* aparece desmembrado em

1.48.10c: *ráthena bṛhatā́* "com a tua carruagem excelsa"; e *ágre áhnām* é comparável a *netrī́ áhnām* "condutora dos dias" (7.77.2d).

Tema da seção, o percurso da Aurora é sublinhado pelo paralelo entre *sugā́n patháḥ kṛṇvatī́* "tornando os caminhos bons de trilhar" (2b)[1] e *pathó rádantī suvitā́ya* "desbravando caminhos para o bom progresso" (3c): repare-se no quiasmo dos termos sublinhados. A ideia da Aurora que "faz caminhos" figura em 4.51.1d: *gātúṃ kṛṇavan* "farão um caminho" (*sugā́n* e *gātúm* têm a mesma raiz).[2] A raiz *pa(n)th-* "caminho", aliás, serve de elo suplementar entre as partes: *patháḥ* (2b) ... *patháḥ* (3c) ... *ṛtásya pánthām* (4c) "caminho da verdade", sintagma este que retoma, a propósito, o tema da "verdade" (*ṛtá-*) presente de forma marcada na sequência *ṛténa ṛtā́varīm* "através da verdade, dotada de verdade ela própria" (1ab).[3]

Segunda parte (4–6)

É possível que, no contexto, *dvibárhāḥ* "duplamente vigorosa" (4a) possua uma conotação sensual, como alusão ao par de seios que a deusa revela junto com seu corpo (cf. SCARLATA in WITZEL *et al.* 2013: 625–6). A insistência no corpo (*tanú-*) que se põe à mostra (*tanúvam* 4b, *tanúvaḥ* 5a) dá o tom da seção, e *purástāt* "a leste" (4b) talvez também possa ser compreendido como "à frente, diante de si": *dvibárhā* | *āviṣkṛṇvānā́ tanúvam purástāt* "duplamente vigorosa ao revelar seu corpo diante de si" (4ab), ou seja, com seus seios voluptuosos. E *víenī* "matizada" (4a) pode aludir tanto às cores do fenômeno natural da Aurora quanto aos cosméticos que lhe realçam a aparência.

O epíteto comum "filha do Céu" estabelece um laço óbvio entre as duas estrofes finais: *divó duhitā́* (5d), *duhitā́ diváḥ* (6a).[4] Eviden-

1 *sugá-* "fácil/bom de trilhar" tem função predicativa. Notar 6.64.1c *kṛṇóti víśvā supáthā sugā́ni* "ela torna bons todos os caminhos, fáceis de trilhar".

2 Cf. Apêndice, item 2.7.

3 *Pādas* 4c = 1.124.3c, e 4d = 1.124.3d (para outras repetições em nossa coleção, ver Apêndice, item 1.1).

4 A sequência *ápa dvéṣaḥ ... uṣā́ divó duhitā́* "para longe o ódio ... Aurora, a filha do Céu" (5cd) é análoga a *ápa dvéṣaḥ ... duhitā́ divá uṣā́* "para longe o ódio ... a filha do Céu, Aurora" (1.48.8c).

te, ainda, é o jogo entre *eṣā́* "ela" e *úṣaḥ* "Aurora" quando se compara *eṣā́ pratīcī́ duhitā́ divó nṝ́n* "ela, a filha do Céu, voltada para os homens" (6a) com *úṣaḥ pratīcī́ bhúvanāni víśvā* "ó Aurora, voltada para todas as criaturas" (3.61.3a). Este último exemplo não se insere, porém, em contexto sensual, ao contrário do *pāda* 6a, que pode ser mais bem comparado ao seguinte verso: *abhrātéva puṃsá eti pratīcī́* "como uma (jovem) sem irmão, ela (= Aurora) segue rumo aos homens" (1.124.7a). O ato de "fazer/criar luz" (*jyótiṣ- kṛ-*) referido no verso final insere-se, claro, na esfera de ação divina e é formular: ver, por exemplo, *jyótiṣ kṛṇoti* "faz luz" (1.48.8b), *jyótiḥ ... kṛṇvatī́* "fazendo luz" (1.92.4c), *ákar jyótiḥ* "fez a luz" (8.73.16b, em um hino aos Aśvins).[5] Por fim, como nexo final, o fecho da estrofe 5, *jyótiṣā́gāt* (= *jyótiṣā ā́ agāt*) "chegou com a luz" (√*gā* "ir"), antecipa *jyótiḥ ... pūrváthākaḥ* (= *pūrváthā akaḥ*) "criou a luz como antes" 6d (√*kṛ* "fazer").

José Marcos Macedo

5 Ver Apêndice, item 2.2.

Hino 6.64

Bhāradvāja
triṣṭubh

1 a úd u śriyá uṣáso rócamānā
b ásthur apā́ṃ n^{á} ^{ū}rmáyo rúśantaḥ |
c kr̥ṇóti víśvā supáthā sugā́n^{i}
d ábhūd u vásvī dákṣiṇā maghónī ||

2 a bhadrā́ dadr̥kṣa urviyā́ ví bhās^{i}
b út te śocír bhānávo dyā́m apaptan |
c āvír vákṣaḥ kr̥ṇuṣe śumbhámān^{ā}
d ^{ú}ṣo devi rócamānā máhobhiḥ ||

3 a váhanti sīm aruṇā́so rúśanto
b gā́vaḥ subhágām urviyā́ prathānā́m |
c ápejate śū́ro ásteva śátrūn
d bā́dhate támo ajiró ná vóḷhā ||

4 a sugótá te supáthā párvateṣ^{u}
b avāté apás tarasi svabhāno |
c sā́ na ā́ vaha pr̥thuyāman r̥ṣve
d rayíṃ divo duhitar iṣayádhyai ||

5 a sā́ $^{ā́}$ vaha y$^{ā́}$ ^{u}kṣábhir ávāt^{ā}
b ^{ú}ṣo váraṃ váhasi jóṣam ánu |
c t^{u}váṃ divo duhitar yā́ ha deví́
d pūrváhūtau maṃhánā darśatā́ bhūḥ ||

6 a út te váyaś cid vasatér apaptan
b náraś ca yé pitubhā́jo v^{i}uṣṭau |
c amā́ saté vahasi bhū́ri vāmám
d úṣo devi dāśúṣe márt^{i}yāya ||

1 As Auroras fulgurantes se ergueram para o esplendor, luzidias
como as ondas das águas.
Ela torna fáceis todos os caminhos, fáceis todas as trilhas.
Surgiu a copiosa recompensa ritual, a generosa.

2 Auspiciosa, tu te tornaste visível; brilhas ao longe amplamente.
Tua luz, teus raios alçaram voo para o céu.
Pões à mostra teu seio enquanto te embelezas,
ó Aurora deusa, fulgurante com tuas grandezas.

3 Conduzem-na as vacas rubras, luzidias, ela a bem-aquinhoada,
que se difunde amplamente.
Como um arqueiro campeão seus inimigos, ela rechaça
as trevas, como um veloz auriga.

4 Fáceis são as tuas trilhas, fáceis os teus caminhos (mesmo)
nas montanhas, (mesmo) na ausência de vento atravessas
as águas, ó tu de brilho próprio.
Cá nos conduz, ó excelsa de amplo curso, riqueza para
proveito, ó filha do Céu.

5 Cá conduz, tu que, invencível, ó Aurora, conduzes com os teus
touros a dádiva segundo a tua vontade,
tu que és afinal uma deusa, ó filha do Céu: torna-te digna
de ser vista com tua munificência na invocação matinal.

6 Os próprios pássaros, a teu brilho, alçaram voo de suas
moradas e os homens que partilham de comida.
A quem está em casa tu conduzes muito de valioso,
deusa Aurora, ao devoto mortal.

Comentário

Este hino, embora pareça exibir uma estrutura retórica menos definida, dela não carece totalmente. Os pedidos ou súplicas se concentram nas estrofes 4 e 5, que contam com a repetição de *sā́ (...) ā́ vaha* "cá conduze..." (4c, 5a) e, menos surpreendentemente, de *divo duhitaḥ* "filha do céu" (4d, 5c), flanqueadas por estrofes recheadas de imagens que recuperam temas recorrentes dos hinos a Aurora. Talvez a figura mais marcada esteja no centro do hino, no pequeno símile militar em 3cd: "como um arqueiro campeão seus inimigos, ela rechaça as trevas, como um veloz auriga". As Auroras plurais aparecem apenas no começo do hino (1ab), posteriormente substituídas pela Aurora singular; o tema, curiosamente, não é desenvolvido como em outras ocasiões. A ausência de estrutura narrativa é compensada pelas repetições vocabulares que costuram as partes: *rócamāna-* "fulgurante" (1a, 2d), *rúśant-* "luzidio" (1b, 3a), √*dr̥ś* "mostrar-se, ser visto" (*dadr̥kṣe* 2a, *darśatā́* 5d), *út pat-* "levantar voo" (*út ... apaptan* 2b, 6a), *vah-* "conduzir" (*váhanti* 3a, *vaha* 4c, *vaha* 5a, *váhasi* 5b, *vahasi* 6c). Note-se, ainda, a repetição (em ordem inversa) de *supáthā sugā́ni* "fáceis os caminhos, fáceis as trilhas" (1c) e *sugā́ ... supáthā* "fáceis as trilhas, fáceis os caminhos" (4a). O sintagma *kr̥ṇóti ... supáthā sugā́ni* "torna fáceis os caminhos, fáceis as trilhas" (1c) figura levemente alterado em 5.80.2b: *sugā́n patháḥ kr̥ṇvatī́* "tornando os caminhos fáceis de trilhar".

Caio Geraldes

Hino 6.65

Bharadvāja
triṣṭubh

1 a eṣā́ s^{i}yā́ no duhitā́ divojā́ḥ
b kṣitī́r uchántī mā́nuṣīr ajīgaḥ |
c yā́ bhānúnā rúśatā rām^{i}yā́su
d ájñāyi tirás támasaś cid aktū́n ||

2 a ví tád yayur aruṇayúgbhir áśvaiś
b citrám bhānt^{i} uṣásaś candrárathāḥ |
c ágraṃ yajñásya br̥ható náyantīr
d ví tā́ bādhante táma ū́rm^{i}yāyāḥ ||

3 a śrávo vā́jam íṣam ū́rjaṃ váhantīr
b ní dāśúṣa uṣaso márt^{i}yāya |
c maghṓnīr vīrávat pátyamānā
d ávo dhāta vidhaté rátnam adyá ||

4 a idā́ hí vo vidhaté rátnam ást^{i}
b ^{i}dā́ vīrā́ya dāśúṣ^{e} uṣāsaḥ |
c idā́ víprāya járate yád ukthā́
d ní ṣma mā́vate vahathā purā́ cit ||

5 a idā́ hí ta · uṣo adrisāno
b gotrā́ gávām áṅgiraso gr̥ṇánti |
c v^{i} arkéṇa bibhidur bráhmaṇā ca
d satyā́ nr̥̄́ṇā́m abhavad deváhūtiḥ ||

6 a uchā́ divo duhitaḥ pratnaván no
b bharadvājavád vidhaté maghoni |
c suvī́raṃ rayíṃ gr̥ṇaté rirīh^{i}
d urugāyám ádhi dhehi śrávo naḥ ||

1 Eis que ela, a filha nascida do Céu alvorecendo para nós,
despertou os povoados humanos,
ela que com o seu raio fulgurante em meio às noites foi
reconhecida para além das próprias sombras da escuridão.

2 Avançaram através dessa (escuridão) com seus cavalos
de trela rubra,[1] com fulgor brilham as Auroras
de carruagens cintilantes.
Conduzindo a vanguarda do sacrifício excelso, elas rechaçam
a escuridão da noite.

3 Trazendo ao devoto mortal fama, prêmio, bálsamo, alimento,
ó Auroras,
como senhoras generosas de heróis em abundância, concedei
ajuda e riqueza a quem (vos) honra hoje.

4 Pois agora mesmo há riqueza para quem vos honra, agora
mesmo para o herói e o devoto, ó Auroras,
agora mesmo para o poeta inspirado quando entoa
seus hinos. Mesmo antes a trazíeis para alguém como eu.

5 Pois agora mesmo, ó Aurora que deténs o costado
das montanhas, os Aṅgiras cantam para ti os currais
das vacas.
Eles (os) fenderam com o canto e a fórmula sagrada.
A invocação dos deuses pelos homens tornou-se verdade.

6 Alvorece para nós, filha do Céu, como outrora, para quem
(vos) honra como Bharadvāja, ó generosa.
Confere ao cantor fortuna em bons heróis, concede-nos fama
de passos largos.

---

1 Ou talvez: "com os atrelados de rubro, os cavalos" (cf. Scarlata 1999: 423).

Comentário

O poema transita entre os temas da luz e escuridão (1–2), da fama e riqueza (3–4), do passado e presente do canto (5–6). Aurora é ora única, ora múltipla, sendo mencionada ou interpelada no singular (1, 5–6) e no plural (2–4). Com a repetição marcada, em início de *pāda*, do advérbio *idā́* "agora" a partir da segunda metade (4–5), promove-se a passagem de uma Aurora múltipla a única, e sobretudo a fusão entre passado e presente. Ligado ao tema da distribuição de riquezas, ao canto e à volta da luz, o mito da abertura da caverna de Vala que os Aṅgiras levaram a cabo (estrofe 5) reforça os principais assuntos do hino. Anula-se o hiato temporal ao descrever-se a ocorrência mítica como presente, em pleno curso; anula-se a diferença entre os cantores míticos, com seu sucesso de proporções cósmicas, e os cantores atuais, que buscam sucesso semelhante ao do passado, na forma de riqueza e fama.

Luz e trevas alteram-se nas duas primeiras estrofes, que concluem com referências feitas à escuridão, ora no genitivo (*támasaḥ ... aktū́n* "sombras da escuridão" 1d), ora no acusativo (*táma ū́rmiyāyāḥ* "escuridão da noite" 2d).[1] Chegada a luz, mingua a escuridão: duas menções às trevas na primeira estrofe (*rāmiyā́su* "em meio às noites" 1c, *támasaḥ ... aktū́n* "sombras da escuridão" 1d) reduzem-se somente a uma na segunda (*táma ū́rmiyāyāḥ* "escuridão da noite" 2d);[2] a uma Aurora no singular e noites plurais na primeira estrofe (*duhitā́ divojā́ḥ* "filha nascida do Céu" 1a, *rāmiyā́su* "noites" 1c) sucedem, na segunda, Auroras plurais e uma noite no singular (*uṣásaḥ* "Auroras" 2b, *ū́rmiyāyāḥ* "noite" 2d).

Se na estrofe inicial a Aurora é única, são múltiplas as Auroras nas estrofes centrais, porém elas tornam a se individuar nas duas últimas estrofes, em um movimento de expansão e redução: Auroras múltiplas vencem a escuridão e voltam a ser tratadas como única no momento presente do canto, idêntico ao do passado mítico. A partir da exata metade do hino, a repetição quádrupla de *idā́* "agora mesmo"

1 Fato observado por JAMISON (blog, *ad loc.*).

2 Notar também o quiasmo entre as menções à noite (sinônimas) e à escuridão: *rāmiyā́su — támasaḥ — támaḥ — ū́rmiyāyāḥ* "noite — escuridão — escuridão — noite".

(4a–5a), serve de transição entre Auroras múltiplas e única: *idā́ hí vaḥ* (4a) ... *idā́* (4b) ... *idā́* (4c) ... *idā́ hí te* (5a). Nessa sequência, a partícula *hí* "pois" fornece a moldura, e a passagem do múltiplo ao único traduz-se na substituição da enclítica *vaḥ* "de vós" (4a) — plural em estrofe de Aurora plural — pela enclítica *te* "a ti" (5a) — singular em estrofe de Aurora singular. Reforço a esse movimento de expansão e redução resulta da maneira como o poeta se refere à deusa. Descrita na terceira pessoa nas estrofes 1–2, Aurora figura primeiro no singular (SG), em seguida no plural (PL); interpelada na segunda pessoa nas quatro estrofes seguintes (3–6), a deusa figura primeiro no plural (3–4), depois no singular (5–6), segundo um esquema duplicado e em espelho: SG–PL :: PL–PL–SG–SG.

estrofes 1–2	**estrofes 3–6**
3ª pessoa	2ª pessoa
SG–PL	PL–PL–SG–SG

Vários nexos lexicais unem as estrofes centrais (3–4): *vidhaté rátnam* "riqueza a quem honra" (3d, 4a); *dāśúṣa uṣasaḥ* "ao devoto, ó Auroras" (3b, 4b); *váhantīḥ* "trazendo" [fem. pl.] (3a) ~ *ní ... vahathā* "trazíeis" (4d). Também entre a parte central e a última estrofe há elos marcados, de natureza temática e vocabular: *śrávaḥ* (3a, 6d); (*ní* ...) *dhāta* "concedei" (3d) ~ *dhehi* "concede" (6d);[3] *maghónīḥ* "generosas" (3c) ~ *maghoni* "generosa" (6b); *vidhaté* "a quem honra" (3d, 6b); *vīrávat* "heróis em abundância" (3c) ~ *suvī́ram* "bons heróis" (6c).[4] Na terceira estrofe, o beneficiário do pedido é o mortal (*mártiyāya* 3b), na última, o cantor (*gr̥ṇaté* 6c); primeiro é "quem vos honra" (*vidhaté* 3d), especificado a seguir como "quem vos honra como Bharadvāja" (*bharadvājavád vidhaté* 6b), em uma progressão do geral ao particular, do comum ao exclusivo. No mesmo sentido se pode conceber a retomada de *vidhaté rátnam* "riqueza a quem honra" (3d, 4a) como *rayím̐ gr̥ṇaté* "fortuna ao cantor" (6c) na última estrofe. Ou, ainda, *mā́vate ... purā́* "para alguém como eu

3 Ecos sonoros reforçam a ligação: *ávo dhāta* (3d), *dhehi śrávo* (6d).

4 Ambos os termos são precedidos da mesma palavra: *maghónīr vīrávat* (3c), *maghoni suvī́ram* (6bc).

... antes" (4d) especificado a seguir como *pratnaván ... bharadvājavát* "outrora ... como Bharadvāja" (6ab). Esse último paralelo, aliás, emoldura e serve de baliza, destacando-o, ao breve relato mitológico da estrofe 5. Relato esse que adquire relevo tanto maior graças à força moduladora da sequência quádrupla de *idā́* "agora mesmo" (4a–5a), que não serve de transição apenas entre Auroras múltiplas e única, como vimos, mas também entre presente e passado, propiciando a equivalência entre os Aṅgiras e Bharadvāja, o autor do hino.

O vocativo comum *divo duhitaḥ* "filha do Céu" (6a) alinhava, por último, início e fim do poema, cujo verso de abertura apresenta o vocativo elaborado e inédito, *duhitā́ divojā́ḥ* "filha nascida do Céu" (1a).

José Marcos Macedo

Hino 7.75

Vasiṣṭha
triṣṭubh

1 a v^{í} uṣā́ āvo divijā́ r̥tén^{a}
b āviṣkr̥ṇvānā́ mahimā́nam ā́gāt |
c ápa drúhas táma āvar ájuṣṭam
d áṅgirastamā path^{i}yā ajīgaḥ ||

2 a mahé no adyá suvitā́ya bodh^{i}
b úṣo mahé saúbhagāya prá yandhi |
c citrám̐ rayím̐ yaśásam̐ dheh^{i} asmé
d dévi márteṣu mānuṣi śravasyúm ||

3 a eté t^{i}yé bhānávo darśatā́yāś
b citrā́ uṣáso amŕ̥tāsa ā́guḥ |
c janáyanto daív^{i}yāni vratā́n^{i}
d āpr̥ṇánto antárikṣā v^{í} asthuḥ ||

4 a eṣā́ s^{i}yā́ yujānā́ parākā́t
b páñca kṣitī́ḥ pári sadyó jigāti |
c abhipáśyantī vayúnā jánānām̐
d divó duhitā́ bhúvanasya pátnī ||

5 a vājínīvatī sū́r^{i}yasya yóṣā
b citrā́maghā rāyá īśe vásūnām |
c ŕ̥ṣiṣṭutā jaráyantī maghón^{ī}
d uṣā́ uchati váhnibhir gr̥ṇānā́ ||

6 a práti dyutānā́m aruṣā́so áśvāś
b citrā́ adr̥śrann uṣásam̐ váhantaḥ |
c yā́ti śubhrā́ viśvapíśā ráthena
d dádhāti rátnam̐ vidhaté jánāya ||

7 a satyā́ satyébhir mahatī́ mahádbhir
b devī́ devébhir yajatā́ yájatraiḥ |
c rujád dr̥̄́ḷhā́ni dádad usríyāṇām
d práti gā́va uṣásam̐ vāvaśanta ||

1 A Aurora nascida no céu brilhou ao longe com a verdade;
revelando a sua grandeza, ela aqui chegou.
Os ardis, a escuridão desagradável ela desvelou;
Aṅgiras por excelência, ela despertou os caminhos.

2 Acorda hoje para nosso grande bom progresso, ó Aurora,
confere(-nos) grande boa fortuna.
Concede-nos riqueza brilhante, gloriosa, desejosa de fama,
ó deusa humana, entre os mortais.

3 Ei-los, estes raios brilhantes da Aurora digna de se ver
chegaram, imortais.
Gerando os preceitos divinos, preenchendo os espaços
intermediários, eles se postaram ao longe.

4 Ei-la que, atrelando-se, circunda desde longe em um único dia
os cinco povoados,
observando os padrões das gentes, a filha do Céu senhora
do mundo.

5 Rica em prêmios de vitória, em dádivas radiantes, a donzela
do Sol reina sobre a riqueza, sobre os bens.
Louvada por videntes, despertando (o mundo), a generosa
Aurora brilha, cantada pelos condutores (do ritual).

6 Os cavalos rubros (e) brilhantes se deram a ver à frente,
conduzindo a Aurora fulgurante.
Ela avança, resplandecente, com a carruagem toda
ornamentada, confere riqueza à pessoa que a cultua.

7 Verdadeira entre os verdadeiros, grande entre os grandes,
deusa entre os deuses, venerável entre os veneráveis,
ela rompeu as fortalezas, ela dará das avermelhadas (vacas):
as vacas mugem à frente da Aurora.

8 a nū́ no gómad vīrávad dhehi rátnam
b úṣo áśvāvad purubhójo asmé |
c mā́ no barhíḥ puruṣátā nidé kar
d yūyám pāta s^{u}astíbhiḥ sádā naḥ ||

8 Agora nos confere riqueza feita de vacas, de heróis, ó Aurora,
de cavalos, (riqueza) repleta de alimento para nós.
Não tornes a nossa grama ritual objeto de escárnio por parte
dos homens. Vós, protegei-nos sempre com vossas bênçãos!

Comentário

Este poema abre a maior seção de hinos dedicados a Aurora no Rig Veda, somando sete hinos (7.75–81) de extensão menor (de 3 a 8 estrofes). Os hinos partilham e reciclam muito do mesmo vocabulário e da mesma fraseologia e, ainda que variem estruturalmente, exibem correspondências lexicais notáveis, sendo a mais marcante destas o *pāda* final *yūyám pāta suastíbhiḥ sádā naḥ* "vós, protegei-nos sempre com vossas bênçãos!", que serve de fecho aos cinco hinos subsequentes.

Afora a estrofe 7, que faz alusão ao mito de Vala, este hino aborda temas comuns, mas bem trabalhados: a chegada imediata da deusa, que desperta o mundo, sua beleza e brilho, sua jornada diária e, especialmente, sua outorga de riquezas a seus adoradores. Há algumas poucas partes dúbias bem como inconsistências formais de ordem menor, apontadas abaixo. O hino parece dividir-se em duas partes: na primeira (1–4), insiste-se na presença da Aurora no contexto ritual, como logo indicado pelo aoristo *ā́ agāt* "ela chegou aqui" ao final de 1b, e, mais adiante, pelos dêiticos espelhados *eté tiyé* "ei-los, estes" (3a) e *eṣā́ siyā́* "ei-la, que" (4a), cada qual em posição inicial de *pāda*. A coerência dessas primeiras estrofes dá-se também pelo fato de o conhecido sintagma *divó duhitā́* "filha do Céu" (4d) retomar, em um tipo de composição em anel, o epíteto (muito mais raro) *divijā́ḥ* "nascida no céu" (1a). A primeira parte, aliás, exibe formas verbais finitas preferencialmente ao fim do *pada*, o que constitui mais um aspecto de coesão. A segunda parte (5–8), por sua vez, tem como foco a riqueza que a deusa possui e é capaz de conceder ao devoto, bem como os animais que a acompanham, seus cavalos (6) e suas vacas (7) — note-se que estas logo se convertem na riqueza a ser concedida ao mortal (*gā́vaḥ* "vacas" 7d ... *gómat* ... *rátnam* "riqueza feita de vacas" 8a).

Quanto aos traços retóricos recorrentes no hino, vale notar a anáfora de *citrá-* "brilhante" (2c, 3b, 5b, 6b) bem como de *devī́-* "deusa" (*dévi mártesu* "ó deusa entre os mortais" 2d, *devī́ devébhiḥ* "deusa entre os deuses" 7b), em ambos os casos na abertura do *pāda*. Note-se, ainda, o jogo singular–plural: embora o hino seja endereçado unicamente à Aurora no singular, aquilo que a circunda — i.e., seus raios (3), cavalos (6) e vacas (7) —, sempre no plural, promove o jogo entre os números, o qual reflete o caráter paradoxal dessa deusa que, embora una, se renova a cada dia.

Primeira parte (1–4)

O hino inicia com o conhecido sintagma verbal *ví √vas/uṣ* "brilhar ao longe", com elementos separados (tmese) pelo nome da deusa, que compõe a comum figura etimológica com a raiz verbal: *ví uṣā́ āvaḥ* (1a); *ví ... āvaḥ* "brilhou ao longe" (1a), por sua vez, contrasta com *ápa ... āvaḥ* (*√vr̥/var*) "desvelou" (1c). Note-se que, desfeitos os sândis motivados pela palavra seguinte, tanto *āvas* (*√vas/uṣ*) quanto *āvar* (*√var/vr̥*) tornam-se *āvaḥ*, de sorte que *āvo* (1a) também poderia, a princípio, ser lido como pertencente à raiz *√var/vr̥*, embora a recorrência de *ví √vas/uṣ* torne a leitura que adotamos mais convincente. Ainda quanto à primeira estrofe, JAMISON (blog, *ad loc.*) aponta a recorrência de palavras com *ă̄(v)*- inicial (*āvaḥ ... āviṣ(kr̥ṇvānā́) ... ā́gāt* | *ápa ... āvaḥ ájuṣṭam* | *áṅgirastamā ... ajīgaḥ*) bem como, por sugestão de um aluno, o padrão (*drúh*)*as támaḥ ...* (*ájuṣ*)*ṭam á*(*ṅgir*)*astamā*, que põe em relevo a escuridão (*támas-*). *Drúhaḥ* "ardis" (1c) contrasta com a "verdade" (*r̥tá-*) que define o modo de ser da Aurora em 1a, em provável alusão ao fato de que ela age conforme os padrões do universo ao reaparecer todos os dias.

Assim como *āvaḥ* (1ac), *bodhi* (2a) também é ambíguo e pode pertencer tanto à raiz *budh-* "despertar" como à raiz *bhū-* "tornar-se". Embora a *communis opinio* opte pela segunda leitura, JAMISON (1997: 69–74) demonstra que, quanto a √*bhū*, os imperativos aoristo *bodhi* e presente *bháva* estão em distribuição complementar: *bodhi* figura no meio do *pāda*, ao passo que *bháva* ocorre em posição inicial e final de *pāda*. *Bodhi* (2a), que figura no final, violaria essa regra de distribuição. Ademais, JAMISON (blog, *ad loc.*) sugere que o poeta talvez esteja jogando com raízes diversas mas sinônimas para "despertar", em vista da última palavra da estrofe anterior, *ajīgaḥ* "despertou" (*√gr̥* "despertar"). Outra ambiguidade semântica, de ordem menor, talvez consista em *mártеṣu* "entre os mortais" (2d), que pode ser lido tanto com o vocativo *dévi ... mānuṣi* "ó deusa humana" (2d), i.e., *dévi mártеṣu mānuṣi* "ó deusa humana entre os mortais", quanto com o adjetivo *śravasyúm* "desejosa de fama" (2d), que fecha o *pāda* e se constrói com *rayím* (2c), i.e., *rayím ... mártеṣu ... śravasyúm* "riqueza desejosa de fama entre os mortais”. Não é exagero supor que se trata de uma ambiguidade deliberada, vindo a primeira leitura a desembocar na segunda no momento da performance:

> ***citráṃ rayíṃ yaśásam*** *... [dévi mártеṣu mānuṣi]* →
> ***citráṃ rayíṃ yaśásam*** *... dévi* ***márteṣu*** *mānuṣi* ***śravasyúm***
>
> “riqueza brilhante, gloriosa ... [ó deusa humana entre os mortais]” →
> “riqueza brilhante, gloriosa ... entre os mortais, desejosa de fama, ó deusa humana”

A abertura da estrofe 3 transfere o foco da Aurora (no singular) para seus raios plurais (*bhānávaḥ* 3a), por meio de vínculos verbais explícitos: o aoristo 3ª pl. *ā́guḥ* “chegaram”, ao fim de 3b, ecoa o aoristo 3ª sg. *ā́gāt* “chegou”, ao fim de 1b; *citrā́ḥ* “brilhantes” (3b) ecoa *citrám* “brilhante” (2c); raios “imortais” (*amŕ̥tāsaḥ* 3b) contrapõem-se aos (homens) mortais (*márteṣu* 2d), entre os quais a riqueza busca fama e/ou a Aurora se encontra; o plural dos raios e o singular da deusa estão, como aponta JAMISON (blog, *ad loc.*), sintaticamente entrelaçados:

> [*eté tiyé bhānávo*]$_{\text{NOM PL M}}$ [***darśatā́yāś***]$_{\text{GEN SG F}}$ [*citrā́*]$_{\text{NOM PL M}}$ [***uṣáso***]$_{\text{GEN SG F}}$ [*amŕ̥tāsaḥ*]$_{\text{NOM PL M}}$
>
> “ei-los, estes raios **da digna de se ver**, brilhantes, **da Aurora**, (raios) imortais...”

Os dêiticos *eté tiyé* “ei-los, estes” (3a), no plural, fazem contraponto a dêiticos no singular, *eṣā́ siyā́* “ei-la, que” (4a), e *pári ... jigāti* “circunda” (4b) recupera, no singular, o plural *ā́guḥ* “chegaram” (3b), ambos da raiz *gā-* “ir”.

Segunda parte (5–8)

A segunda parte inicia com o epíteto *vājínīvatī* “rica em prêmios de vitória” (5 vezes em nossa coletânea), seguido pela comum associação da deusa ao Sol (*sū́riyasya yóṣā* “donzela do Sol” 5a). No *pāda* seguinte (5b), ela é chamada de *citrā́<u>magh</u>ā* “rica em dádivas radiantes” — note-se a já mencionada repetição de *citrá-* “brilhante” bem como a figura etimológica com *<u>magh</u>ónī* “generosa” (5c). Vale notar que os *pādas* 5cd se espelham, abrindo com o particípio perfeito passivo *ŕ̥ṣiṣṭutā* “louvada por videntes" (5c) e fechando com outro particípio perfeito passivo (PPP), *gr̥ṇānā́* "cantada" (5d), cujo agente é expresso no instrumental *váhnibhiḥ* "pelos guias (dos ritos)" (5d). O centro desse hemistíquio espelhado tematiza o brilho da deusa brilhante (figura etimológica *uṣás-√vas/uṣ*) que desperta o mundo:

> [*ŕ̥ṣiṣṭutā*]$_{PPP}$ ***jaráyantī maghónī uṣā́ uchati*** [*váhnibhir gr̥ṇānā́*]$_{PPP}$
>
> "[louvada por videntes], despertando (o mundo), a generosa Aurora brilha, [cantada pelos condutores (do ritual)]".

A estrofe 6 retoma o plural nos cavalos rubros e brilhantes da deusa (note-se *citrá-* "brilhante" na abertura de 6b), que se deram a ver à frente (*práti ... adr̥śran* 6ab), com o que se retoma *darśatā́yāḥ* "digna de se ver" (3a), adjetivo de mesma raiz referente a Aurora. A raiz *vah-*, que figura metaforicamente no sintagma *váhnibhir gr̥ṇānā́* "cantada pelos condutores (do ritual)" (5d), é retomada aqui literalmente nos condutores da deusa (*uṣásaṃ váhantaḥ* 6b), referentes a seus cavalos.

O primeiro hemistíquio da estrofe 7 apresenta uma sequência de quatro figuras etimológicas de valor superlativo, cada qual no formato [X]NOM SG FEM [X]INSTR PL MASC: "verdadeira entre os verdadeiros, grande entre os grandes, deusa entre os deuses, venerável entre os veneráveis". Trata-se de um expediente retórico simples, mas que põe em evidência a excelência da deusa. O hemistíquio seguinte abre-se (7c) com provável alusão ao mito de Vala (*valá-* significa "clausura, confinamento"), divindade maligna que aprisiona as vacas da Aurora. Suas fortalezas são rompidas pela deusa, de modo que as vacas, ora libertas, mugem diante dela (*práti gā́vaḥ ... vāvaśanta* 7d), tal como, na estrofe anterior, os cavalos se deram a ver à frente (*práti ... áśvāḥ ... adr̥śran* 6ab). A alusão ao mito de Vala está lastreada, como sugere HOFFMANN (1967: 134), no dêitico temporal que abre a última estrofe: *nū́ no gómat ... dhehi rátnam* "agora nos confere riqueza feita de vacas" (8a), uma vez que somente após o rompimento de Vala (7c) é que a concessão de dádivas de vacas torna-se possível. Note-se, enfim, o fato de o pronome da primeira pessoa do plural ser onipresente na estrofe final (*naḥ* "nos, nós" 8acd, *asmé* "nossa" 8b), reiterando o beneficiário do pedido ora enunciado.

Thiago Mendes Venturott

Hino 7.76

Vasiṣṭha
triṣṭubh

1 a úd u jyótir amŕ̥taṃ viśvájanyaṃ
b viśvā́naraḥ savitā́ devó aśret |
c krátvā devā́nām ajaniṣṭa cákṣur
d āvír akar bhúvanaṃ víśvam uṣā́ḥ ||

2 a prá me pánthā devayā́nā adr̥śrann
b ámardhanto vásubhir íṣkr̥tāsaḥ |
c ábhūd u ketúr uṣásaḥ purástāt
d pratīc$^{ī́}$ ā́gād ádhi harm^{i}yébhyaḥ ||

3 a tā́nī́d áhāni bahulā́n^{i} āsan
b yā́ prācī́nam úditā sū́r^{i}yasya |
c yátaḥ pári jārá ivācárant^{ī}
d úṣo dadr̥kṣé ná púnar yatī́va ||

4 a tá íd devā́nāṃ sadhamā́da āsann
b r̥tā́vānaḥ kaváyaḥ pūrv^{i}yā́saḥ |
c gūḷháṃ jyótiḥ pitáro ánv avindan
d satyámantrā ajanayann uṣā́sam ||

5 a samāná ūrvé ádhi sáṃgatāsaḥ
b sáṃ jānate ná yatante mithás té |
c té devā́nāṃ ná minanti vratā́n^{i}
d ámardhanto vásubhir yā́damānāḥ ||

6 a práti tvā stómair īḷate vásiṣṭhā
b uṣarbúdhaḥ subhage tuṣṭuvā́ṃsaḥ |
c gávāṃ netrī́ vā́japatnī na uch^{a}
d ^{u}ṣaḥ sujāte prathamā́ jarasva ||

7 a eṣā́ netrī́ rā́dhasaḥ sūnŕ̥tānām
b uṣā́ uchántī ribhyate vásiṣṭhaiḥ |
c dīrghaśrútaṃ rayím asmé dádhānā
d yūyám pāta s^{u}astíbhiḥ sádā naḥ ||

1 A luz imortal de todas as gentes, Savitar o deus de todos
os homens a erigiu.
Por resolução sua, o olho dos deuses nasceu; a Aurora revelou
todo o mundo.

2 Os caminhos que levam aos deuses se tornaram visíveis a mim,
não negligentes, postos em ordem pelos bons.
Surgiu o sinal luminoso da Aurora no leste: voltada para cá,
ela veio de suas moradas.

3 Foram estes os dias numerosos ao longo dos quais, ao erguer
do sol, tu te tornaste visível ao que se volta a leste,
ó Aurora, a partir dos quais avançaste como ao amante, não
como quem retorna (para casa).

4 Foram estes os comensais dos deuses, os poetas de outrora
dotados de verdade.
Os Pais descobriram a luz oculta: com seus mantras
verdadeiros, geraram a Aurora.

5 Reunidos em um curral comum, eles estão de acordo,
não se postam em conflito.
Eles não infringem os preceitos divinos, não negligentes e
unidos aos bons.

6 Em resposta a ti os Vasiṣṭha te invocam com louvores,
despertos com a Aurora, ó bem-aquinhoada,
glorificando-te.
Guia das vacas, senhora dos prêmios, brilha para nós,
ó Aurora bem-nascida, desperta-te a primeira.

7 Ela, guia das benesses, das prodigalidades, a Aurora, reluzindo,
é entoada pelos Vasiṣṭha,
estabelecendo entre nós riqueza de longa fama. Vós,
protegei-nos sempre com vossas bênçãos!

Comentário

As observações essenciais sobre a estrutura do hino encontram-se em JAMISON & BRERETON (2014: 977–8) e JAMISON (blog, *ad loc.*): (a) as estrofes centrais (3–4), marcadas por início e verbos idênticos no primeiro *pāda*, são flanqueadas por outras duas, com repetição (*ámardhanto vásubhiḥ* "não negligentes, aos/pelos bons" 2b, 5d); (b) tempos e modos verbais diversos acompanham a divisão estrófica: aoristo (1–2), imperfeito/perfeito (3–4), presente/imperativo (5–7); (c) as estrofes centrais são o "ônfalo" do poema: estrofe 3 apresenta sintaxe intrincada, estrofe 4 trata dos Pais que descobrem a "luz oculta" (alusão ao mito de Vala), e ambas estão dispostas em ordem cronológica inversa, pois o retorno da luz descoberta pelos Pais (4) antecede o retorno diário das Auroras (3); (d) um dos termos que serve de moldura às estrofes centrais, *ámardhantaḥ* "não negligente", possui um significado parcialmente obscuro no contexto da primeira ocorrência (2b), mas este significado é explicitado a seguir (5d), em um contexto que, além de condizer com a acepção do vocábulo, redireciona e complementa o sentido da ocorrência anterior (tal artifício é chamado por JAMISON (2006) de "reparo poético"). Em termos gerais, o poema inicia com a descrição da Aurora que acaba de chegar, passando à menção de um evento mitológico de ressonância atual, para então concluir com a alusão ao canto entoado pelos poetas atuais, os Vasiṣṭha, que fazem seus pedidos à deusa. Entre o passado e o presente, entre os Pais e os Vasiṣṭha, a transição é feita pela estrofe 5, que esfuma os limites entre uns e outros.[1]

Primeira parte (1–2)

Aurora figura como última palavra da estrofe inaugural (*uṣā́ḥ* 1d). Antes dela, mencionam-se outras duas divindades, Savitar e o Sol — o primeiro por nome, o segundo por perífrase (*jyótir amŕ̥tam* "luz imortal" 1a, *devā́nām ... cákṣuḥ* "olho dos deuses" 1c). Não resta claro a quem se refere o termo *krátvā* "por resolução" (1c), se a Savitar, à Aurora ou mesmo aos deuses. Talvez se trate de uma ambiguidade deliberada: na

1 Sobre esse hino, cf. ainda JAMISON (2007: 85–6) e MACEDO (2010: 246–8).

sequência da leitura (ou, antes, da audição) do hino, concebe-se que a resolução é, nesta ordem, de Savitar, ou dos deuses, ou da Aurora. Inclui-se a deusa, com isso, na companhia das demais divindades, louvadas por atributos paralelos: o Sol é de todas as gentes (*viśvájanya-* 1a), Savitar é de todos os homens (*viśvā́nara-* 1b), Aurora revela todo o mundo" (*bhúvanaṃ víśvam* 1d).

Nexo entre estrofes 2 e 3, unindo duas partes do poema, são os verbos *adr̥śran* "foram vistos" (= caminhos, 2a) e *dadr̥kṣé* "foste vista" (= Aurora, 3d), além da sequência *purástāt pratīcī́* "no leste, voltada para cá" (2cd) ... *prācī́nam* "voltado a leste" (3b): o primeiro par contrastivo, em fronteira de *pāda*, refere-se à Aurora, ao passo que *prācī́na-* designa o sacrifício ou quem dele participa (cf. JAMISON, blog, *ad loc.*) — Aurora, no leste, volta-se a oeste, para quem (ou aquilo) que se volta a leste para louvá-la. A tradução de *ámardhantaḥ* "não negligente" (2b, 5d) segue JAMISON & BRERETON (2014: 978–9).

Parte central (3–4)

O paralelismo entre *tā́nīt* ... *āsan* e *tá ít* ... *āsan* "foram estes..." (3a, 4a) é marca nítida de coesão estrófica (JAMISON, blog, *ad loc.*). A sintaxe da estrofe 3 é notoriamente intrincada, e aqui seguimos, em linhas gerais, a interpretação de JAMISON (blog, *ad loc.*). Trata-se de uma oração subordinada com dois subordinadores (*yā́*... "ao longo dos quais" 3b, *yátaḥ pári*... "a partir dos quais" 3c) referentes ao mesmo núcleo, "dias" (*áhāni* 3a): em termos lógicos, o primeiro liga-se ao verbo finito *dadr̥kṣé* "foste vista" (3d), com marcador de tempo ("ao longo dos quais foste vista"), e o segundo ao particípio *ācárantī* "avançando" (3c), cujo sujeito corresponde ao do verbo matriz, com marcador de espaço ("avançando a partir dos quais"). Só que *prācī́nam* "voltado a leste" (3b) complementa ainda o particípio como acusativo de direção, e o seu caso é diverso do locativo *jāré* (= variante sândi *jārá*) "amante" (3c), o outro complemento do particípio no símile. Uma alternativa a tal solução seria tomar *prācī́nam* como advérbio ("outrora") e aceitar duas orações subordinadas, a primeira das quais com elipse do verbo: "foram estes os dias numerosos que (surgiram) outrora, a partir dos quais...". Porém essa acepção de *prācī́na-* é duvidosa, e o contraste com *purástāt pratīcī́* "no leste, voltada para cá" (2cd) estaria perdido.

Uma paráfrase da tradução aqui apresentada seria esta: Aurora, ao amanhecer, é avistada por quem se acha voltado a leste, tratando do sacrifício à deusa, que por sua vez avança com fervor ao ritual, como quem se dirige a um amante, e não como quem regressa de semelhante encontro, já farta.

Segunda parte (5–7)

JAMISON (blog, *ad loc.*) nos parece correta ao notar que o sujeito da estrofe 5 é mantido deliberadamente sem identificação, de modo a facilitar a transição entre os Pais e os Vasiṣṭha, seus sucessores contemporâneos com quem são identificados e que figuram como agentes das estrofes 6–7. O "curral comum" (*samāná ūrvé* 5a) pode referir-se tanto à caverna de Vala, local onde as vacas (ou Auroras) se acham confinadas no relato mítico em que os Pais descobrem a "luz oculta", quanto ao terreno sacrifical onde os cantores atuais se acham reunidos.

A harmonia dos Pais/Vasiṣṭha reflete-se acusticamente na sequência tripla de *sam-* seguido de *-te* nos versos de abertura da estrofe 5: *samāná ūrvé ádhi sáṃgatāsaḥ* | *sáṃ jānate ná yatante mithás té* "reunidos em um curral comum, eles estão de acordo, não se postam em conflito".[2] E, duplicado, o pronome *té* "eles" serve de fecho e abertura aos *pādas* 5bc: de forma icônica, *té* e *té* figuram adjacentes e contíguos como os seus referentes, os Pais e os Vasiṣṭha — uns tanto quanto os outros "não negligentes" (*ámardhantaḥ* 5d) dos preceitos rituais, tal como os "caminhos" da estrofe 2 (*pánthāḥ ... ámardhantaḥ* 2ab).

Duas formas verbais referentes ao canto atual dos Vasiṣṭha, no presente do indicativo (*īḷate* "invocam" 6a, *ribhyate* "é entoada" 7b), marcam as estrofes finais, contrapondo-se ao imperfeito do relato mitológico (*āsan* "foram" 3a/4a, *avindan* "descobriram" 4c, *ajanayan* "geraram" 4d) e ao aoristo do início do hino, referente ao passado imediato (*aśret* "erigiu" 1b, *ajaniṣṭa* "nasceu" 1c, [*āvír*] *akaḥ* "revelou" 1d, *adṛśran* "foram vistos" 2a, *ábhūt* "surgiu" 2c, *agāt* "veio" 2d).

José Marcos Macedo

2 Ademais, aos três *sam-* contrapõem-se, na sequência, três partículas negativas, *ná yatante ... ná minanti ... ámardhantaḥ* "não se postam ... não infringem ... não negligentes" (5bcd).

Hino 7.77

Vasiṣṭha
triṣṭubh

1 a úpo ruruce yuvatír ná yóṣā
b víśvaṃ jīvám prasuvántī carā́yai |
c ábhūd agníḥ samídhe mā́nuṣāṇām
d ákar jyótir bā́dhamānā támāṃsi ||

2 a víśvam pratīcī́ sapráthā úd asthād
b rúśad vā́so bíbhratī śukrám aśvait |
c híraṇyavarṇā sudŕ̥śīkasaṃdr̥g
d gávām mātā́ netr^{í} áhnām aroci ||

3 a devā́nāṃ cákṣuḥ subhágā váhantī
b śvetáṃ náyantī sudŕ̥śīkam áśvam |
c uṣā́ adarśi raśmíbhir v^{i}aktā
d citrā́maghā víśvam ánu prábhūtā ||

4 a ántivāmā dūré amítram uch^{a}
b ^{u}rvī́ṃ gávyūtim ábhayaṃ kr̥dhī naḥ |
c yāváya dvéṣa ā́ bharā vásūni
d codáya rā́dho gr̥ṇaté maghoni ||

5 a asmé śréṣṭhebhir bhānúbhir ví bhāh^{i}
b úṣo devi pratirántī na ā́yuḥ |
c íṣaṃ ca no dádhatī viśvavāre
d gómad áśvāvad ráthavac ca rā́dhaḥ ||

6 a yā́ṃ tvā divo duhitar vardháyant^{i}
b úṣaḥ sujāte matíbhir vásiṣṭhāḥ |
c sā́smā́su dhā rayím r̥ṣvám br̥hántaṃ
d yūyám pāta s^{u}astíbhiḥ sádā naḥ ||

1 Ela raiou junto (a nós) como uma jovem moça, impelindo tudo
o que vive a mover-se.
Fez-se Agni para o fogo comum dos homens, criou ela a luz
expulsando as trevas.

2 Frente a tudo, ela se ergueu em toda a sua extensão;
trajando uma veste luzidia, fulgurante, ela clareou.
De cor dourada, uma figura bela de se ver, mãe das vacas,
condutora dos dias, ela raiou.

3 Bem-aquinhoada, transportando o olho dos deuses,
conduzindo o cavalo claro belo de se ver,
a Aurora foi vista, enfeitada com raios, rica em dádivas
radiantes, difusa pelo todo.

4 Dotada de bens valiosos à mão, brilha para longe o inimigo,
cria para nós pasto amplo (e) ausência de medo.
Afasta o ódio, traz bens para cá, estimula a benesse ao cantor,
ó generosa.

5 Brilha para nós ao longe com teus brilhos mais formosos,
deusa Aurora, prolongando nosso tempo de vida,
conferindo-nos tanto bálsamo, ó tu que dispões de todos
os bens, quanto benesses ricas em vacas, cavalos
e carruagens.

6 Tu, filha do Céu, que os Vasiṣṭha fortalecem com seus poemas,
ó Aurora bem-nascida,
deposita em nós riqueza elevada (e) excelsa. Vós, protegei-nos
sempre com vossas bênçãos!

Comentário

A despeito da opinião de Renou (*ÉVP* 3: 95) de que este hino não passaria de uma "pièce banale", Jamison & Brereton (2014: 979s.) apontam que ele, embora não salte aos olhos quanto a seu conteúdo, exibe expedientes retóricos pouco triviais. O poema prescinde da complexidade do hino que o precede, porém a sua estrutura mais simples lhe confere, segundo os autores, um desdobramento claro, codificado nas formas verbais. A primeira metade do hino (1–3) inicia com um perfeito (*ruruce* "raiou" 1a) seguido de aoristos (como em 7.76.1–2), com *aroci* "raiou" (2d) formando uma composição em anel com o perfeito da abertura (√*roc/ruc* "raiar"). A estrofe 4 inaugura uma segunda parte do hino ao promover uma mudança no modo verbal, agora imperativo (*ucha* "brilha" 4a), seguido de imperativos em cascata nas estrofes seguintes (4–5). Algo análogo ocorre em 1.92. A pessoa gramatical também muda: a 3ª pessoa, presente em 1–3, dá lugar à 2ª pessoa, mantida no restante do poema. Assim, a primeira metade descreve a chegada imediata da Aurora, ao passo que, na segunda, o poeta dirige uma série de comandos à deusa, que agora se acha à sua frente. Comuns a ambas as partes são a profusão de particípios presentes modificando a Aurora bem como o fato de esta, exceto em 1c e 6ab, ocorrer sempre como sujeito gramatical. Em forma tabular:

Parte	Estrofes	Modo	Pessoa
1	1–3	indicativo	3ª singular
2	4–6	imperativo	2ª singular

Primeira parte (1–3)

Salta aos olhos a sequência de aoristos, que ocorrem majoritariamente em posição marcada no *pāda*, tanto inicial (*ábhūt* "tornou-se" 1c, *ákaḥ* "criou" 1d) quanto final (*úd asthāt* "ergueu-se" 2a, *áśvait* "clareou" 2b, *aroci* "raiou" 2d), à exceção de *adarśi* "foi vista, deu-se a ver" (3c), antecedido justamente pelo nome da deusa. Note-se a inserção de particípios femininos nessa sequência de aoristos (*prasuvántī* "impelindo" 1b, *bā́dhamānā* "expulsando" 1d, *bíbhratī* "trajando" 2b, *váhantī* "conduzindo" 3a, *náyantī* "conduzindo" 3b).

Cabe atentar ao perfeito que abre o hino, *úpa ... ruruce* (√*roc/ruc* "raiar"). Essa construção, além de divergir dos demais verbos finitos em 1–3, que ocorrem no aoristo, chama a atenção devido ao fato de ser uma combinação hápax entre partícula local e raiz verbal, i.e., trata-se da única passagem em que a raiz √*roc/ruc* "raiar" é aliada à partícula local *úpa*, a qual geralmente denota "de perto, íntimo" e, no caso de verbos de movimento, funciona similarmente a *ā́* "aqui, para cá". Jamison (blog, *ad loc.*) sugere que se leia o sintagma verbal juntamente com o símile *yuvatír ná yóṣā* "como uma jovem moça" (1a), cujo esplendor deve ser desfrutado "de perto". Resta, no entanto, a questão do porquê se usar um perfeito. Talvez se trate de um perfeito "resultativo", a partir do qual os aoristos subsequentes devem ser interpretados: algo como "cá (= "junto (a nós)") está ela, radiante como uma jovem moça". Note-se, ademais, que os aoristos elaboram o perfeito *úpa ... ruruce* na medida em que, à exceção de *úd asthāt* "ergueu-se" (2a), todos referem-se à luz: *ábhūd agníḥ* "fez-se Agni (= deus do fogo")" (1c), *ákar jyótiḥ* "criou a luz" (1d) (*jyótiṣ-* √*kṛ* é formular), *áśvait* "clareou" (2b) e, fechando o anel, *aroci* "raiou" (2d).

A correspondência *ruruce* "raiou" (1a) ~ *aroci* "raiou" (2d) é apenas um entre vários paralelos lexicais na primeira parte do hino. Há ainda a repetição tripla de *viśva-* "tudo, todo" (*víśvaṃ jīvám* "tudo o que vive" 1b, *víśvam pratīcī́* "frente a tudo" 2a, *víśvam ánu prábhūtā* "difusa pelo todo" 3d) e a repetição quádrupla da raiz *darś/dṛś-* "ver" (*sudṛ́śīka-saṃdṛ́ś-* "visão bela de se ver" 2c, *sudṛ́śīkam* "belo de se ver" 3b, *adarśi* "deu-se a ver, foi vista" 3c). Demais ecos são a retomada de *netrī́* "condutora" (2d) pelo particípio *náyantī* "conduzindo" (3b), da raiz *nī-* "conduzir", e do aoristo *áśvait* "clareou" (2b) pelo adjetivo *śvetám* "claro" (3b), ambos da raiz *śvit-* "ser claro". Note-se, enfim, a semelhança entre *netrī́ áhnām* "condutora dos dias" (2d) e 5.80.2d *ágre áhnām* "na vanguarda dos dias".

Segunda parte (4–6)

A mudança abrupta no modo verbal (indicativo → imperativo) abre caminho para correspondências lexicais internas à segunda parte, que são numerosas e já foram apontadas por JAMISON (blog, *ad loc.*). Há em 4a um contraste entre os conceitos "longe" vs. "próximo", retomado em 4c: *ánti-* "próximo, à mão" vs. *dūré* "à distância" (4a) e *yāváya* "afasta" vs. *ā́* "aqui, para cá" (4c). Esse contraste também se reflete, como é de se esperar, nos objetos dos respectivos *pādas*: se elementos de conteúdo favorável devem ser levados ao poeta (*-vāma-* "bens valiosos" 4a, *vásūni* "bens" 4c), urge afastar, por outro lado, elementos malignos (*amítram* "inimigo" 4a, *dvéṣaḥ* "ódio" 4c). Compare-se o *pāda* 1d *ákar jyótir bā́dhamānā támāṃsi* "criou a luz expulsando as trevas", que expressa o mesmo contraste. A proximidade semântica entre *ánti-* "à mão" (4a) e *úpa* "junto" (1a) no início do *pāda* reforça, talvez, a divisão do poema em duas partes. A formulação *dūré amítram ucha* "brilha para longe o inimigo" (4a) parece representar um caso limítrofe (FORSSMAN 2000) da construção transitiva *ápa √vas/uṣ* "brilhar para longe", que é muito mais comum e apresenta uma partícula local (cf. *uṣā́ uchad ápa srídhaḥ* "a Aurora brilha para longe os equívocos" 1.48.8d = 7.81.6d, presentes nesta coleção, bem como 7.104.23b e 8.47.18d, sempre com a Aurora como sujeito).

Quanto à distribuição de formas verbais finitas, vale notar que a estrofe 4, que abre a segunda parte, sobressai às demais com seus cinco imperativos: *ucha* "brilha" (4a), *kṛdhi* "cria" (4b), *yāváya* "afasta" (4c), *ā́ bhara* "traz para cá" (4c), *codáya* "estimula" (4d). Em contraste, as estrofes 5 e 6 contam cada qual apenas com um verbo finito (se se ignorar, é claro, o *pāda* 6d, formular na maṇḍala 7): *ví bhāhi* (5a), marcado pela figura etimológica <u>*bhā*</u>*núbhir ví* <u>*bhā*</u>*hi* "<u>brilha</u> ao longe com teus <u>brilhos</u>", e o injuntivo *dhāḥ* "deposita" (6c).[1] Quanto a 5cd, aliás, é bem possível que o anseio por repetição motive o estranho posicionamento de *ca* nesse hemistíquio (*ca* ... *ca* "tanto ... quanto"), uma vez que seria de se esperar que ele aparecesse logo após o primeiro termo do segundo constituinte da adição, i.e., **gómac ca*. Ao retardá-lo, porém, o poeta possibilita que os adjetivos figurem justapostos: *gómad áśvāvad ráthavac ca* "ricas em vacas, cavalos e carruagens".[2]

1 Cf. *dádhatī* "conferindo" (5c), da mesma raiz *dhā-* "pôr, estabelecer, conferir".

2 É também possível, em princípio, interpretar o primeiro *ca* como unindo as frases participiais 5bc *pratirántī* ... *ca* ... *dádhatī* "prolongando e conferin-

Toda essa parte é marcada por pronomes na 1ª pessoa do plural (*naḥ* "nos" 4b, 5c; *asmé* "para nós" 5a; *asmā́su* "em nós" 6c), ausentes na primeira parte. Eles identificam com tanto mais força o beneficiário do pedido ora endereçado à deusa. Note-se, enfim, que *viśva-* "tudo, todo", tão realçado na primeira parte, retorna no centro do pedido que se faz à deusa, no vocativo *viśvavāre* "ó tu que dispões de todos os bens" (5c).

Thiago Mendes Venturott

do", como faz KLEIN (1985 i.101–2). No entanto, dada a série de particípios na primeira parte (5c) que não contam com uma conjunção aditiva, julgamos a interpretação de JAMISON (blog, *ad loc.*) mais convincente.

Hino 7.78

Vasiṣṭha
triṣṭubh

1 a práti ketávaḥ prathamā́ adr̥śrann
b ūrdhvā́ asyā añjáyo ví śrayante |
c úṣo arvā́cā br̥hatā́ ráthena
d jyótiṣmatā vāmám asmábhya° vakṣi ||

2 a práti ṣīm agnír jarate sámiddhaḥ
b práti víprāso matíbhir gr̥ṇántaḥ |
c uṣā́ yāti jyótiṣā bā́dhamānā
d víśvā támāṃsi duritā́pa devī́ ||

3 a etā́ u tyā́ḥ práty adr̥śran purástāj
b jyótir yáchantīr uṣáso vibhātī́ḥ |
c ájījanan sū́r[i]yaṃ yajñám agním
d apācī́naṃ támo agād ájuṣṭam ||

4 a áceti divó duhitā́ maghónī
b víśve paśyant[i] uṣásaṃ vibhātī́m |
c ā́sthād ráthaṃ svadháyā yujyámānam
d ā́ yám áśvāsaḥ suyújo váhanti ||

5 a práti tvādyá sumánaso budhant[a]
b [a]smā́kāso maghávāno vayáṃ ca |
c tilvilāyádhvam uṣaso vibhātī́r
d yūyám pāta s[u]astíbhiḥ sádā naḥ ||

1 À frente os primeiros sinais luminosos se deram a ver; eretos,
os unguentos a partir dela se difundem.
Ó Aurora, com tua carruagem excelsa voltada para cá, cheia
de luz, conduz para nós bem de valor.

2 À frente dela, o fogo atiçado desperta; à frente (dele/a),
os poetas inspirados cantando(-a) com poemas.
A Aurora avança expulsando com sua luz todas as trevas,
(todos) os obstáculos para longe, a deusa.

3 Estas mesmas deram-se a ver à frente, vindas do leste;
estendendo sua luz, as Auroras que brilham ao longe.
Geraram o sol, o sacrifício, o fogo; a escuridão desagradável
foi-se para oeste.

4 Surgiu a generosa filha do Céu, todos observam a Aurora
que brilha ao longe.
Subiu à carruagem que se atrela a si mesma, que cavalos
bem-atrelados conduzem para cá.

5 À frente de ti, os bem-intencionados despertaram hoje, nossos
generosos (patronos) e nós.
Frutificai, Auroras, brilhando ao longe. Vós, protegei-nos
sempre com vossas bênçãos!

Comentário

A recorrência de duas palavras confere coloração especial a este hino: a partícula local *práti* "à frente de, em resposta a" e o particípio presente *vibhātī́-* "brilhando ao longe". Embora se trate de palavras comuns no arsenal lexical dos hinos a Aurora, *práti* ocorre aqui em todas as estrofes, exceto 4 (cinco vezes: 1a, 2a, 2b, 3a, 5a), ao passo que *vibhātī́-* figura a partir da metade do hino, sempre justaposto ao nome da deusa (três vezes: *uṣáso vibhātī́ḥ* 3b, *uṣásaṃ vibhātī́m* 4b, *uṣaso vibhātī́ḥ* 5c), que ostenta três casos diversos: nominativo (*uṣásaḥ*), acusativo (*uṣásam*), vocativo (*uṣasaḥ*). A estrofe central (3), aliás, como nota JAMISON (blog, *ad loc.*), é singular não apenas por abrir a sequência do sintagma *uṣás- vibhātī́-*, mas também por transpor o foco para as Auroras no plural, ao passo que as estrofes precedentes — assim como as seguintes (exceto o hemistíquio 5cd) — se referem à deusa no singular. Levados em conta, ademais, outros expedientes retóricos da estrofe central, como a duplicação de dêiticos na abertura (<u>*etā́*</u> *u* <u>*tyā́ḥ*</u> "estas mesmas" = 1.92.1a, análoga a <u>*idám*</u> *u* <u>*tyát*</u> "ela, essa..." 4.51.1a), talvez se possa sugerir, ainda que em um hino tão breve, uma estrutura em "ônfalo". Curiosa é também a distribuição dos modos: o imperativo surge na primeira estrofe, encerrando-a (*vakṣi* "conduz" 1d), e retorna somente em 5c, com o curioso hápax *tilvilāyádhvam* "frutificai" (ver abaixo), formando uma espécie de composição em anel.

Primeira parte (1–2)

Um dos termos característicos do poema, *práti* "à frente", aqui construído com *adṛ̥śran* "deram-se a ver" (1a), figura de forma emblemática à testa da composição, tendo como sujeito os primeiros sinais luminosos (*ketávaḥ prathamā́ḥ* 1a); a mesma construção se repete em 3a, agora com as Auroras (*uṣásaḥ* 3b) como sujeito. A carruagem da deusa é cheia de luz (*jyótiṣmant-* 1d), e essa luz (*jyótiṣ-*) difunde-se pelas duas estrofes seguintes (*jyótiṣā* "com luz", *jyótiḥ* "luz"), em 2c e 3b.

Estrofe central (3)

A estrofe central inicia com a duplicação de dêiticos (*etā́ḥ* ... *tyā́ḥ* "estas mesmas"), e dêiticos no plural, promovendo a mudança de número em relação às duas primeiras estrofes. O uso do plural aqui é peculiar, uma vez que ele tende a referir-se às Auroras passadas e vindouras, mas a deusa é descrita como presente no rito matinal. Talvez se possa pensar em uma referência do todo pela parte (metonímia): as Auroras são evocadas, tendo em mente um de seus atributos, os raios. Daí a equivalência parcial entre 1a e 3a, com a repetição do sintagma verbal:

1a *práti ketávaḥ prathamā́ adr̥śran*
"à frente os primeiros sinais luminosos se deram a ver"

3a *etā́ u tyā́ḥ práty adr̥śran purástāt*
"estas mesmas deram-se a ver à frente, vindas do leste"

A sequência assindética em 3c (*sū́riyaṃ yajñám agním* "o sol, o sacrifício, o fogo") é tanto mais notável pelo fato de *yajñá-* "sacrifício" figurar ladeado por duas palavras do campo semântico "luz." As "trevas" (*támāṃsi*) expulsas pela deusa em 2d reaparecem em 3d, agora no singular (*támaḥ* "escuridão"), batendo em retirada para o oeste: note-se o contraste entre *purástāt* "vindas do leste", no final de 3a, e *apācī́nam* "para oeste", no início de 3d.

Segunda parte (4–5)

Expulsa a escuridão, (res)surge a deusa (no singular). Os aoristos, note-se, encontram-se em posição marcada, em início de *pāda* (*áceti* ... *ā́sthāt* "surgiu ... subiu aqui" 4ac), bem como a partícula local *ā́* "aqui, para cá" (*ā́sthāt* ... *ā́* ... *vahanti* "subiu aqui ... conduzem para cá" 4cd). Não menos notável é a figura etimológica entre a carruagem que se atrela a si mesma e os cavalos bem-atrelados que a conduzem (*rátham* ... *yujyámānam* ... *áśvāsaḥ suyújaḥ* 4cd), sendo que *váhanti* "conduzem" (4d) recupera o imperativo *vakṣi* "conduz" (1d), ambos acompanhados de elemento dêitico (*asmábhyam* "para nós" 1d, *ā́* "para cá" 4d).

O aspecto mais curioso da segunda parte — talvez de todo o hino — é o verbo que abre o último hemistíquio (5c), um hápax: *tilvilāyádhvam*. Trata-se, como explica JAMISON (blog, *ad loc.*), de verbo derivado de um adjetivo (cf. 5.62.7c *tílvila-*), mas isso nada faz senão deslocar o problema, uma vez que não se tem certeza sobre o significado do termo. Talvez se trate de lexema onomatopaico (*til-vil-*), mas tais formações são incomuns em védico. A palavra significa algo como "fértil" em 5.62.7, possivelmente ligada a *tilá-* "sésamo". Se for assim, o imperativo *tilvilāyádhvam* talvez implique a criação e dispersão de sementes em abundância, embora essa leitura seja, como admite JAMISON (blog, *ad loc.*), "apenas um palpite".

Thiago Mendes Venturott

Hino 7.79

Vasiṣṭha
triṣṭubh

1 a v^{í} uṣā́ āvaḥ path^{i}yā jánānām
b páñca kṣitī́r mā́nuṣīr bodháyantī |
c susaṃdŕ̥gbhir ukṣábhir bhānúm aśred
d ví sū́r^{i}yo ródasī cákṣasāvaḥ ||

2 a v^{í} añjate divó ánteṣ^{u} aktū́n
b víśo ná yuktā́ uṣáso yatante |
c sáṃ te gā́vas táma ā́ vartayanti
d jyótir yachanti savitéva bāhū́ ||

3 a ábhūd uṣā́ índratamā maghón^{ī}
b ájījanat suvitā́ya śrávāṃsi |
c ví divó devī́ duhitā́ dadhāt^{i}
d áṅgirastamā sukŕ̥te vásūni ||

4 a tā́vad uṣo rā́dho asmábhya° rāsva
b yā́vat stotŕ̥bhyo árado gr̥ṇānā́ |
c yā́ṃ tvā jajñúr vr̥ṣabhásyā rávena
d ví dr̥̄́ḷhásya dúro ádrer ^{aū}rṇoḥ ||

5 a deváṃ-devaṃ rā́dhase codáyant^{i}
b asmadr^{i}ak sūnŕ̥tā īráyantī |
c v^{i}uchántī naḥ sanáye dhíyo dhā
d yūyám pāta s^{u}astíbhiḥ sádā naḥ ||

1 A Aurora brilhou ao longe pelos caminhos das gentes,
despertando os cinco povoados dos filhos de Manu.
Com touros adoráveis de se ver, ela fixou seu raio de luz. O Sol
desvelou as duas metades do mundo com seu olho.

2 Elas ungem ao longe as noites nos confins do céu; como clãs
armados, as Auroras se alinham.
Tuas vacas enrolam a escuridão por completo, estendem a luz
como Savitar os braços.

3 Fez-se a Aurora, generosa como só mesmo Indra; gerou
as famas para o bom progresso.
A deusa filha do Céu, como só mesmo os Aṅgiras, distribui
bens ao homem de boa ação.

4 Concede-nos, ó Aurora, o tanto de benesse quanto escavaste
para os cantores ao ser louvada.
Tu, a quem eles geraram com o bramido do touro, abriste
as portas da pedra de firme assento.

5 Tu, estimulando deus após deus à benesse, suscitando
prodigalidades em nossa direção,
brilhando ao longe, imbui nosso pensamento ao ganho.
Vós, protegei-nos sempre com vossas bênçãos!

Comentário

Este breve hino faz menção ao mito das vacas da Aurora presas na caverna de Vala e libertadas por Indra com a ajuda dos Aṅgiras, clã importante tanto na composição quanto na mitologia do Rig Veda. No mito, os Aṅgiras fazem com que Indra seja capaz de abrir a caverna com seus cantos e assim conquistam o gado. Este mito justifica o valor dos *ṛṣis* "videntes" atuais e está associado à entrega do pagamento ou retribuição em forma de gado aos oficiantes do ritual matutino. As referências aparecem espalhadas ao longo do poema, sendo mais explícitas nas estrofes 3–4. Curiosamente, na quarta estrofe, a própria deusa Aurora parece tomar parte na abertura da caverna de Vala, algo normalmente atribuído apenas a Indra e aos *ṛṣis* que o acompanhavam. Outro traço marcante deste hino é a onipresença da partícula local *ví* "ao longe", sempre em início de *pāda* (1a, 1d, 2a, 3c, 4d, 5c; cf. *víśaḥ* "clãs" 2b).

Pode-se dividir o poema em três partes: uma estrofe de abertura (1), um bloco com referências mitológicas (estrofes 2–4) e um epílogo (5) com um pedido peculiar, seguido do refrão da série dos hinos de Vasiṣṭha.

Verbos finitos no pretérito, seja ele um pretérito recente (aoristo) ou remoto (imperfeito), prevalecem ao longo do hino (aoristos *āvaḥ* "brihou" 1a, *aśret* "fixou" 1c, *ví ... āvaḥ* "desvelou" 1d, *ábhūt* "fez-se" 3a, *ájījanat* "gerou" 3b; imperfeitos *áradaḥ* "escavaste" 4b, *aūrṇoḥ* "abriste" 4d), ao passo que o presente é utilizado apenas na estrofe 2 (*ví añjate* "ungem" 2a, *yatante* "alinham-se" 2b, *sám ... vartayanti* "enrolam" 2c, *yachanti* "estendem" 2d) e em 3c *ví ... dadhāti* "distribui".

Abertura (1)

Cabe à abertura do poema apresentar a chegada da Aurora. Joga-se com formas homônimas de duas raízes diversas, *ví √vas/uṣ* "brilhar ao longe" e *ví √var/vṛ* "desvelar", cujos aoristos *ví āvaḥ* (1a) e *ví āvaḥ* (1d), respectivamente, ocorrem no primeiro e último *pādas*. Portanto, *ví āvaḥ* (1a) também pode muito bem significar "desvelou" (ver Apêndice, item 2.3). Em uma única estrofe, Vasiṣṭha desenvolve toda a narrativa da chegada da deusa, que, em outros hinos (como, por exemplo, 3.61), estende-se por todo o poema: aqui a Aurora raia (1a), desperta a todos (1b), fixa o seu sinal luminoso (1c) e, por fim, permite ao Sol desvelar o mundo (1d).

Vale também notar que, nesta estrofe, antecipa-se parte do tema subsequente. Ao referir-se aos "cinco povoados dos filhos de Manu" (*páñca kṣitī́r mā́nuṣīḥ* 1b) como equivalente à totalidade do mundo despertado pela Aurora, o poeta parece restringir a ação da deusa aos *ārya*, grupo étnico e cultural de que os poetas védicos se creem membros. Manu seria o "primeiro homem" na mitologia védica, e era tido como o responsável por instituir o ritual. No núcleo do poema, alude-se de forma direta e indireta ao mito da caverna de Vala, cujo desfecho favorável coube em boa parte à ação ritualística dos Aṅgiras. A menção aos *ārya*, assim, pelo intermédio da figura de Manu, antecipa o tema central do hino.

Parte central (2–4)

Transita-se, na estrofe 2, da Aurora singular para as Auroras plurais (2ab), e destas para suas vacas (2cd). Os verbos no presente destoam do restante do hino, no qual formas pretéritas são a maioria. Presente e plural aliam-se para criar uma ideia de atemporalidade, na qual as múltiplas Auroras, agora e sempre, alinham-se tal como clãs militares para a batalha e ungem, agora como sempre, as noites nos confins do céu. Note-se, nesse contexto, o jogo com uma possível etimologia popular *a̲ñ̲j̲ate ... a̲k̲tū́n* "ungem as noites(/lustrosas?)" (2a) bem como o fato de *sáṃ te gā́vas táma ā́ vartayanti* "tuas vacas enrolam a escuridão por completo" (2c) encontrar eco em *uṣā́ ápa svásus támaḥ sáṃ vartayati vartaním* "Aurora (enrola) para longe a escuridão de sua irmã (= Noite), enrola sua trilha por completo" (10.172.4ab).

Destacam-se, na estrofe 3, os superlativos formados a partir dos nomes do deus Indra e dos Aṅgiras: Aurora é literalmente "indríssima" (*índratamā* 3a) e "aṅgirassíssima" (*áṅgirastamā* 3d). Esses dois superlativos aludem diretamente ao mito de Vala, referindo-se aos dois agentes responsáveis pelo desfecho feliz do rapto das vacas da Aurora. A deusa, que na estrofe anterior ganhara traços de virilidade através do símile dos clãs armados, é diretamente associada ao deus viril por excelência do panteão védico, Indra. Responsável por vários feitos heróicos, um dos quais justamente a vitória sobre Vala, Indra associa-se em geral à fama, que aqui é gerada pela deusa em prol do bom progresso (*ájījanat suvitā́ya śrávāṃsi* 3b). Porém Aurora não é apenas "Indra como ela só" (*índratamā* 3a), ela é "a mais Aṅgiras" (*áṅgirastamā* 3d): os Aṅgiras, um clã mítico de poetas inspirados que auxiliaram Indra na libertação das vacas ao compor e recitar hinos, são o protótipo do poeta védico de sucesso, capaz de trazer dádivas a quem pratica o ritual, tal como a própria Aurora, que distribui, "como só mesmo os Aṅgiras", bens ao homem de boa ação, ou seja, ao devoto ou seu patrono.

A última estrofe desta seção inclui um detalhe que foge ao comum. Se, em geral, Aurora tem papel não mais que passivo no mito da caverna de Vala (são as suas vacas que se acham confinadas, ou então é ela própria que figura como prisioneira da caverna), aqui a deusa torna-se agente da libertação, escavando riquezas (*áradaḥ* "escavaste" 4b), o que reforça os superlativos e as associações feitas na estrofe anterior. O poeta lhe pede que conceda riquezas tal como fez quando foi destinatária dos hinos e escavou, em razão disso, tais benesses a quem a celebrava (4ab). E mais: ela foi "gerada" — ou "conhecida", uma vez que, formalmente, o perfeito 3 pl. *jajñúḥ* (4c) pode pertencer tanto a √*jan* "gerar, criar" como a √*jñā* "conhecer" — pelo bramido do boi (*vr̥ṣabhásyā rávena* 4c), possível menção aos poemas recitados. Ou seja, ao ser louvada pelos cantos, ela própria abriu as portas de pedra que ocultavam seu gado (*ví ... dúro ádrer aūrṇoḥ* 4d).

Epílogo (5)

Encerradas as referências míticas, o poeta dá fecho ao poema com o seu pedido (5abc). O último verso (antes do estribilho em 5d) recupera o sintagma inicial do hino (*ví* √*vas/uṣ* "brilhar ao longe"): a Aurora "brilhou ao longe" (*ví ... āvaḥ* 1a), e é "brilhando ao longe" (*viuchántī* 5c) que se pede que ela imbua agora o pensamento do devoto ao ganho.

Caio Geraldes

Hino 7.80

Vasiṣṭha
triṣṭubh

1 a práti stómebhir uṣásaṃ vásiṣṭhā
b gīrbhír víprāsaḥ prathamā́ abudhran |
c vivartáyantīṃ rájasī sámante
d āviṣkr̥ṇvatī́m bhúvanāni víśvā ||

2 a eṣā́ s^{i}yā́ návyam ā́yur dádhānā
b gūḍhvī́ támo jyótiṣoṣā́ abodhi |
c ágra eti yuvatír áhrayāṇā
d prā́cikitat sū́r^{i}yaṃ yajñám agním ||

3 a áśvāvatīr gómatīr na uṣā́so
b vīrávatīḥ sádam uchantu bhadrā́ḥ |
c ghr̥táṃ dúhānā viśvátaḥ prápītā
d yūyám pāta s^{u}astíbhiḥ sádā naḥ ||

1 À frente da Aurora, com seus louvores, os Vasiṣṭha,
poetas inspirados, com seus hinos despertaram primeiro,
enquanto ela desenrola as duas metades do mundo adjacentes,
revelando todas as criaturas.

2 Ela própria despertou, adotando nova vida, tendo ocultado
a escuridão com a luz, a Aurora.
Ela avança à frente, jovem (e) sem pejo; ela deu a conhecer
o sol, o sacrifício, o fogo.

3 Que as Auroras, ricas em cavalos, em vacas, em heróis,
brilhem auspiciosas para nós,
vertendo manteiga clarificada por todos os lados,
transbordantes. Vós, protegei-nos sempre com
vossas bênçãos!

Comentário

Este brevíssimo hino esboça as principais atividades da Aurora, embora, dada a sua extensão, não tenha espaço para elaborá-las: a conexão da deusa com os poetas e o ritual matinal, sua tarefa de revelar o mundo visível e banir a escuridão, e sua conexão com a distribuição de bens.

A estrofe de abertura retoma diversas partes de outros hinos a Aurora deste ciclo, já apontadas por JAMISON (blog, *ad loc.*). *Práti ... uṣásaṃ vásiṣṭhāḥ ... víprāsaḥ ... abudhran* "à frente da Aurora ... os Vasiṣṭha, poetas inspirados, despertaram" (1ab) ecoa 7.78.5a *práti tvādyá sumánaso budhanta* "à frente de ti (= Aurora) os bem-intencionados despertaram hoje", sendo que, em ambas as passagens, a raiz √*budh* "despertar" tem os devotos mortais como sujeito. Já *vivartáyantīṃ rájasī sámante* "(Aurora,) desenrolando as duas metades do mundo adjacentes" (1c) retoma 7.79.2c, em que as vacas da deusa "enrolam em espiral" a escuridão (*sáṃ te gā́vas táma ā́ vartayanti*): note-se o contraste entre *ví* √*var/vr̥* "desenrolar" vs. *sám* √*var/vr̥* "enrolar junto, em espiral", afora o fato de *sám*, que ocorre como prevérbio em 7.79.2c, reaparecer como parte do adjetivo *sámante* "adjacentes" (1c). O *pāda* 1d, enfim, em que o papel da Aurora de revelar todos os seres é evocado (*āviṣkr̥ṇvatī́m bhúvanāni víśvā*) parece ecoar 7.75.1b, no qual a grandeza da deusa é que é revelada: *āviṣkr̥ṇvānā́ mahimā́nam*. Em forma tabular:

7.80.1ab	***práti** ... uṣásaṃ vásiṣṭhāḥ ... **abudhran***	"à frente da Aurora ... os Vasiṣṭha ... despertaram"
7.78.5a	***práti** tvādyá sumánaso **budhanta***	"à frente de ti os bem-intencionados despertaram hoje"
7.80.1c	***vivartáyantīṃ** rájasī **sám**ante*	"desenrolando as duas metades do mundo adjacentes"
7.79.2c	***sáṃ** te gā́vas táma ā́ **vartayanti***	"as tuas vacas enrolam em espiral a escuridão"
7.80.1d	***āviṣkr̥ṇvatī́m** bhúvanāni víśvā*	"revelando todas as criaturas"
7.75.1b	***āviṣkr̥ṇvānā́** mahimā́nam*	"revelando a sua grandeza"

O dual *rájasī* (1c), tido por GELDNER (1951) como "noite e dia", talvez seja mais bem interpretado, com JAMISON (blog, *ad loc.*), como as duas metades do mundo, sobretudo dada a recorrência de *rájasī* com *rodasī* (e.g., 1.160.4, 4.42.3); o "desenrolar" do mundo seria, assim, metáfora para o fato de suas características se revelarem conforme a Aurora se expande.

A estrofe 2 inicia com uma duplicação de dêiticos (*eṣā́ siyā́* "ela própria"), que marca a presença da Aurora no rito matutino e é seguida por *návyam ā́yur dádhānā*. Essa construção participial costuma ser interpretada como "conferindo nova vida", provavelmente em analogia a passagens como 7.77.5b *pratiránti na ā́yuḥ* "prolongando nosso tempo de vida", mas o fato de aqui não haver um pronome ou outro referente nominal e de √*dhā* "pôr, estabelecer" ocorrer na voz média propicia a interpretação reflexiva "adotando nova vida", sugerida por JAMISON (blog, *ad loc.*). Escuridão e luz aparecem justapostas em *gūḍhvī́ támo jyótiṣā* "tendo ocultado a escuridão com a luz" (2b), sublinhando, por adjacência, o contraste. Eco interno de destaque, em posição final de *pāda*, é *abudhran* "despertaram" (1b) e *abodhi* "despertou" (2b), este último em construção intransitiva e no singular (ambos da raiz √*budh* "despertar"). Quanto a paralelos externos, vale notar que a enumeração assindética *prā́cikitat sū́riyaṃ yajñám agním* "ela deu a conhecer o sol, o sacrifício, o fogo" (2d) repete *verbatim* 7.78.3c *ájījanan sū́riyaṃ yajñám agním* "elas geraram o sol, o sacrifício, o fogo".

A terceira estrofe é idêntica a 7.41.7. Note-se a sequência de adjetivos em *-vatī-/matī-*, aqui qualificando as Auroras, que precedem o terceiro adjetivo, o qual inicia o *pāda* seguinte: *áśvāvatīr gómatīḥ ... uṣā́so vīrávatīḥ* "ricas em cavalos, em vacas, as Auroras, em heróis" (3ab). Essa sequência faz lembrar a estrofe final de 7.75, em que os mesmos adjetivos qualificam *rátna-* "riqueza": *gómad vīrávat ... rátnam úṣo áśvāvat* "riqueza feita de vacas, de heróis, ó Aurora, de cavalos" (7.75.8ab). Vale notar que, embora os elementos internos figurem em ordem diversa, a deusa precede o último adjetivo da série, que inaugura novo *pāda*.

Thiago Mendes Venturott

Hino 7.81

Vasiṣṭha
bṛhatī alternando com satobṛhatī

1 a práty u adarś^{i} āyat$^{\acute{ī}}$
b uchántī duhitā́ diváḥ |
c ápo máhi vyayati cákṣase támo
d jyótiṣ kr̥ṇoti sūnárī ||

2 a úd usríyāḥ sr̥jate sū́r^{i}yaḥ sácām̐
b udyán nákṣatram arcivát |
c távéd uṣo v^{i}úṣi sū́r^{i}yasya ca
d sám bhakténa gamemahi ||

3 a práti tvā duhitar diva
b úṣo jīrā́ abhutsmahi |
c yā́ váhasi purú spārhám̐ vananvati
d rátnaṃ ná dāśúṣe máyaḥ ||

4 a uchántī yā́ kr̥ṇóṣi maṃhánā mahi
b prakhyaí devi s^{u}var dr̥śé |
c tásyās te ratnabhā́ja īmahe vayáṃ
d syā́ma mātúr ná sūnávaḥ ||

5 a tác citráṃ rā́dha ā́ bhar^{a}
b ^{u}ṣo yád dīrghaśrúttamam |
c yát te divo duhitar martabhójanaṃ
d tád rāsva bhunájāmahai ||

6 a śrávaḥ sūríbhyo amŕ̥taṃ vasutvanáṃ
b vā́jām̐ asmábhyaṃ gómataḥ |
c codayitrī́ maghónaḥ sūnŕ̥tāvat^{ī}
d uṣā́ uchad ápa srídhaḥ ||

1 À frente ela surgiu, vindo para cá ao brilhar, a filha do Céu.
Ela desembrulha a grande escuridão para que se veja;
a impetuosa cria luz.

2 O sol envia para o alto as (vacas) avermelhadas em afluxo,
erguendo-se o corpo celeste com seus raios.
Ó Aurora, ao teu raiar e ao do sol, que nos unamos ao
(nosso) quinhão.

3 À frente de ti, ó Aurora, filha do Céu, nós os vivazes
despertamos
— tu que conduzes muito que é cobiçado, ó vencedora,[1]
(que conduzes) prazer como riqueza ao devoto.

4 Tu que ao brilhar fazes — pela tua magnificência,
ó deusa magna — com que se veja, com que se veja o sol;
Imploramos a ti, tu que tens parte na riqueza, (que) sejamos
nós dela partícipes,[2] como filhos para a mãe.

5 Traz para cá aquela benesse reluzente, Aurora,
que tem longuíssima fama.
Aquilo de ti, filha do Céu, que propicia alimento ao homem,
confere-o (a nós), que sejamos alimentados!

6 (Traz) fama imortal aos patronos, opulência, (e) para nós
prêmios ricos em vacas.
Instigadora do(s) generoso(s), pródiga, a Aurora brilha
para longe os equívocos.

1 Sentido e etimologia obscuros; outros traduzem por "dotada de carruagens", "graciosa".
2 Ou: "nós te imploramos — que sejamos partícipes de tua riqueza".

Comentário

Este hino, o último do ciclo de hinos a Aurora 7.75–81, quebra o padrão esperado por ser mais longo que alguns dos poemas precedentes; ele diverge dos demais também formalmente, exibindo métrica diversa (três *pragāthas* de *br̥hatī* alternando com *satobr̥hatī*, em vez do *triṣṭubh* dos demais hinos) e sem refrão final. Por essa razão, JAMISON (blog, *ad loc.*) aventa a possibilidade de que o hino tenha sido acrescido à coleção posteriormente, o que talvez encontre algum respaldo na terminação do subjuntivo *-mahai* (*bhunájāmahai* "que sejamos alimentados" 5d), que é sabidamente secundária. Seja como for, a temática e a fraseologia do hino não diferem significativamente daquelas de hinos anteriores. No tocante a repetições, note-se a insistência do poeta em lugares comuns dos hinos a Aurora: a raiz *√vas/uṣ* "brilhar", por exemplo, é onipresente e figura em todas as estrofes, em geral em início de *pāda*, seja no nome da deusa (2c, 3b, 5b, 6d), seja em formas verbais (1b = 4a *uchántī* "ao brilhar", 6d *uṣā́ uchat* "Aurora brilha", notar a figura etimológica), bem como no substantivo *viúṣ-* "raiar" (*ví √uṣ*) em 2c, igualmente com figura etimológica (*uṣo viúṣi*). Recorrente é também o sintagma "filha do Céu", que ocorre três vezes (*duhitā́ diváḥ* 1b, *duhitar divaḥ* 3a, *divo duhitaḥ* 5c) em um hino de apenas seis estrofes.

A partícula local *práti* "à frente de" abre o poema (e a estrofe 3), tal como na abertura de outros hinos do ciclo: 7.78 e o hino imediatamente anterior, 7.80. Outro vínculo com esse último é a justaposição luz–escuridão: *tamo jyótiṣ* "escuridão luz" (1cd) ecoa 7.80.2b *támo jyótiṣā* "escuridão com luz". Mas se na estrofe 1 Aurora é sujeito ao "surgir à frente", em 3 ela é complemento da partícula (*práti tvā* "à frente de ti"), e os devotos o sujeito (*abhutsmahi* "despertamos" 3b). No hemistíquio seguinte, o significado do vocativo *vananvati* (3c) é objeto de dúvida; o termo é comentado longamente por JAMISON (blog, *ad loc.*). Ela sugere derivar a forma de *√van* "vencer", cujo tema de presente, *vanóti*, forma o particípio *vanv-ánt-*; supondo que essa forma tenha adquirido um sufixo *-vant-*, **vanv-án*(*t*)*-vant-*, resultaria, por dissimilação do *-v-* medial, a forma *vananvant-*. JAMISON aventa diversas outras possibilidades de derivar *vananvati* de *√van*, todas igualmente especulativas, e o significado exato do termo ainda é controverso.

A estrofe 4 traz diversos problemas sintáticos, em sua maioria de ordem menor. O *pāda* 4b contém dois infinitivos finais praticamente sinônimos, *prakhyaí ... dr̥śé* "para que se veja". A maioria dos tradutores toma ambos os verbos separadamente (e.g., SCARLATA 1999: 353: "para que se veja e se enxergue a luz"), ao passo que JAMISON (blog, *ad loc.*) interpreta o sintagma *súvar dr̥śé* como complemento de *kr̥ṇóṣi* "fazes" (4a) ("tu fazes o sol [*súvar*] para ser visto [*dr̥śé*]"), enquanto *prakhyaí* teria sentido similar a *cákṣase* (1c), "para que se veja": "tu tornas o sol visível para que se veja" (cabe lembrar que *súvar dr̥śé* "ver a luz do sol" equivale a "estar vivo").[1] Parece-nos mais razoável ler ambos os sintagmas verbais como paratáticos:

kr̥ṇóṣi ... prakhyaí	→	*kr̥ṇóṣi ... prakhyaí* ... ***súvar dr̥śé***
"fazes com que se veja"		"fazes com que se veja, **com que se veja o sol** (= com que se viva)"

Os *pādas* seguintes são mais problemáticos, pois tanto o referente de *ratnabhā́jaḥ* "que tem parte na riqueza" (4c) como o escopo de *syā́ma* "sejamos" (4d) são incertos. Quanto a *ratnabhā́jaḥ*, pode-se interpretá-lo tanto como genitivo singular, em concordância com *tásyāḥ* "te" ("imploramos-te, tu que tens parte na riqueza"), quanto como nominativo plural, sujeito de *īmahe* "imploramos" ("imploramos-te como partícipes de tua riqueza"). Em geral, opta-se pela segunda leitura.[2] É bem possível, no entanto, como aponta JAMISON (blog, *ad loc.*), que a ambiguidade seja deliberada e tenha motivado o poeta a posicionar a palavra justamente entre *tásyāḥ* e *īmahe*. No tocante a *syā́ma* "sejamos", a maioria dos tradutores costuma interpretá-lo parataticamente, devido à quebra de *pāda* ("imploramos-te como partícipes de tua riqueza — sejamos como filhos para a mãe"), mas talvez o verbo seja semanticamente mais bem construído com *īmahe*: "imploramos-te que sejamos (i.e., que nos tornes) partícipes de tua riqueza", de modo que *mātúr ná*

1 Ver WEST (2022: 98).

2 GELDNER (1951) sugere ainda uma terceira leitura, algo como "tu que distribui riquezas" *uel sim.* Essa leitura, no entanto, é pouco provável, uma vez que, como aponta JAMISON (blog, *ad loc.*), compostos em *-bhā́j-* tendem a designar "tendo parte de X", e não "fazendo com que se tenha parte de X".

sūnávaḥ "como filhos para a mãe" seria um símile paratático. Quanto a 4c, note-se a duplicação pronominal *tásyās te* "(imploramos-)te a ti" — talvez *tásyāḥ* sirva, como cogita JAMISON (blog, *ad loc.*), "para indicar o gênero do pronome pessoal — embora, dado o contexto da Aurora, o gênero feminino de *te* dificilmente seria um segredo". É também possível que, tal como a duplicação de dêiticos observada em outros hinos, *tásyās te* seja um expediente retórico de ênfase.

O adjetivo *dīrghaśrúttamam* "de longuíssima fama" (5b) ressoa no substantivo *śrávaḥ* "fama" (6a), que figura no sintagma *śrávaḥ amṛ́tam* "fama imortal": em ambos, "longa" e "imortal" substituem o adjetivo "imperecível" do frasema indo-europeu original *śrávaḥ ákṣitam* "fama imperecível" (= grego κλέος ἄφθιτον). Note-se, ademais, a figura etimológica em *martabhójanam* ... *bhunájāmahai* "que propicia alimento ao homem ... que sejamos alimentados" (5cd), da raiz √*bhuj* "trazer proveito, alimentar" (ambos em posição final de *pāda*), além do homoteleuto *amṛ́taṃ vasutvanáṃ vā́jām̐ asmábhyam* "imortal, opulência, prêmios para nós" (6ab).

A ambiguidade talvez deliberada de 4c repete-se em 6c *codayitrī́ maghónaḥ* "instigadora do(s) generoso(s)", já que *maghónaḥ*, como *ratnabhā́jaḥ* "que tem parte na riqueza" (4c), pode ser interpretado tanto como genitivo singular quanto como acusativo plural. Na primeira hipótese, o referente seria Indra, o *maghávan-* "generoso" prototípico, conhecido de diversos hinos; no segundo, *maghónaḥ* faria referência aos patronos (*sūrí-* "patrono"), evocados por *sūríbhyaḥ* "aos patronos" (6a). A menção recente aos patronos (no plural) e a total ausência de Indra neste hino (e, sobretudo, neste ciclo de hinos) talvez corroborem uma leitura plural. Na tentativa de manter abertas ambas as leituras, valemo-nos dos parênteses na tradução: "do(s) generoso(s)". Note-se, enfim, encerrando o hino, o sintagma transitivo *ápa* √*vas/uṣ* "brilhar para longe, extinguir ao brilhar" (vs. intransitivo √*vas/uṣ* "brilhar"), que aqui aparece com *srídhaḥ* "equívocos" como objeto (esse mesmo *pāda* é repetido em 1.48.8d).

Thiago Mendes Venturott

Apêndice

Apêndice

Temas e fraseologia

Entre os hinos dedicados a diversas divindades no Rig Veda, os poemas a Aurora sobressaem pela recorrência não só de versos idênticos ou semelhantes nos vários livros, mas também de temas comuns com fraseologia análoga. No propósito de oferecer uma visão de conjunto que muitas vezes escapa à leitura individual dos hinos, são incluídas abaixo listas sinópticas, de caráter seletivo, das repetições (totais ou parciais) de versos (1) e dos temas baseados em fraseologia comum (2). Também são arrolados os epítetos de Aurora em nossa coleção (3), os quais reforçam e dão corpo a temas gerais, muitas vezes tratados por extenso, de forma discursiva, ao longo dos poemas.

1. REPETIÇÕES[1]

1.1. Repetições de *pāda*

4.52.5a = 1.48.13b	*práti bhadrā́ adr̥kṣata*	“auspiciosos surgiram/deram-se a ver à frente”
4.52.7c = 1.48.14d	*úṣaḥ śukréṇa śocíṣā*	“ó Aurora, com fulgor fulgurante”
5.79.3b/9a = 1.48.1b	*ví uchā duhitar divaḥ*	“brilha ao longe, ó filha do Céu”
5.80.4cd = 1.124.3cd	*r̥tásya pánthām ánu eti sādhú prajānatī́va ná díśo mināti*	“segue o caminho da verdade, em linha reta — como alguém que sabe, não confunde as direções”

1 As repetições referem-se apenas aos hinos desta coleção, dedicados a Aurora.

6.64.6 = 1.124.12	*út te váyaś cid vasatér apaptan náraś ca yé pitubhā́jo víuṣṭau amā́ saté vahasi bhū́ri vāmám úṣo devi dāśúṣe mártiyāya*	"os próprios pássaros, a teu brilho, alçaram voo de suas moradas e os homens que partilham de comida. A quem está em casa tu conduzes muito de valioso, deusa Aurora, ao devoto mortal"
7.81.1d = 1.48.8b	*jyótiṣ kr̥ṇoti sūnárī*	"a impetuosa cria luz"
7.81.6d = 1.48.8d	*uṣā́ uchad ápa srídhaḥ*	"Aurora brilha para longe os equívocos"
1.92.7a = 1.113.4a	*bhā́svatī nayitrī́ sūnŕ̥tānām*	"condutora luminosa de prodigalidades"
1.92.11c = 1.124.2b	*praminatī́ manuṣíyā yugā́ni*	"diminuindo as gerações humanas"
1.92.12c = 1.124.2a	*áminatī daíviyāni vratā́ni*	"sem diminuir os preceitos divinos"
1.113.7a = 1.124.3a	*eṣā́ divó duhitā́ práty adarśi*	"esta filha do Céu surgiu à frente"
1.113.15c = 1.124.2c	*īyúṣīṇām upamā́ śáśvatīnām*	"última das que passaram, uma após a outra"

Nos hinos dedicados a Aurora, as repetições plenas, de *pāda* inteiro, não ocorrem entre os livros de família do Rig Veda (2–7). São comuns, porém, tanto entre os livros de família e a primeira maṇḍala como entre os hinos da própria primeira maṇḍala.

1.2. Repetições parciais

5.80.1d *práti víprāso matíbhir jarante* "em resposta a ela, os poetas inspirados despertam com poemas"	7.78.2b *práti víprāso matíbhir gr̥ṇántaḥ* "à frente dela, os poetas inspirados cantando com poemas"
7.78.3c *ájījanan sū́riyaṃ yajñám agním* "geraram o sol, o sacrifício, o fogo"	7.80.2d *prā́cikitat sū́riyaṃ yajñám agním* "ela deu a conhecer o sol, o sacrifício, o fogo"
3.61.2b *candrárathā sūnŕ̥tā īráyantī* "tu que tens uma carruagem cintilante, suscitando prodigalidades"	7.79.5b *asmadríak sūnŕ̥tā īráyantī* "suscitando prodigalidades em nossa direção" 1.113.12b *sumnāvárī sūnŕ̥tā īráyantī* "cheia de graça, suscitando prodigalidades"
6.64.2c *āvír vákṣaḥ kr̥ṇuṣe śumbhámānā* "pões à mostra o teu seio enquanto te embelezas"	1.123.10d *āvír vákṣāṃsi kr̥ṇuṣe vibhātī́* "pões à mostra os seios a leste, ó tu que brilhas ao longe"
7.76.6d *úṣaḥ sujāte prathamā́ jarasva* "ó Aurora bem-nascida, desperta-te a primeira"	1.123.5b *úṣaḥ sūnr̥te prathamā́ jarasva* "ó Aurora pródiga, desperta-te como primeira"

7.77.1b *víśvaṃ jīvám prasuvántī carā́yai* "impelindo tudo o que vive a mover-se"	1.92.9c *víśvaṃ jīváṃ caráse bodháyantī* "despertando tudo o que vive para a atividade"
1.124.2d *āyatīnā́m prathamóṣā́ ví adyaut* "primeira das que se aproximam, a Aurora raiou ao longe"	1.113.15d *vibhātīnā́m prathamóṣā́ ví aśvait* "primeira das que brilham ao longe, ao longe Aurora alvoreceu" 1.113.8b *āyatīnā́m prathamā́ śáśvatīnām* "daquelas que se aproximam uma após a outra ela é a primeira"
1.123.10a *kaníyeva tanúvā śā́śadānā* "como uma moça orgulhosa de seu corpo"	1.124.6c *arepásā tanúvā śā́śadānā* "orgulhosa de seu corpo sem mácula"
1.123.12b *yátamānā raśmíbhiḥ sū́riyasya* "alinhadas aos raios do sol"	1.124.8c *viuchántī raśmíbhiḥ sū́riyasya*[2] "brilhando ao longe com os raios do sol"
1.113.1d *evā́ rā́trī uṣáse yónim āraik* "assim a Noite deixou o útero para a Aurora"	1.124.8a *svásā svásre jyā́yasyai yónim āraik* "a irmã deixou o útero para a irmã mais velha"

2 Cf. 1.49.4a *viuchántī hí raśmíbhiḥ* "pois, brilhando ao longe com os teus raios".

1.113.7d	1.123.13c
úṣo adyéhá subhage ví ucha	*úṣo no adyá suhávā ví ucha*
"ó Aurora bem-aquinhoada, brilha ao longe aqui hoje"	"ó Aurora, brilha hoje para nós ao longe, fácil de invocar que és"

1.48.2a	1.123.12a
áśvāvatīr gómatīr viśvasuvídaḥ	*áśvāvatīr gómatīr viśvávārāḥ*
"ricas em cavalos, ricas em vacas, descobridoras de todos os bens"	"ricas em cavalos, ricas em vacas, dotadas de tudo o que é desejável"

1.92.1b	1.124.5a
pū́rve árdhe rájaso bhānúm añjate	*pū́rve árdhe rájaso aptiyásya*
"no lado oriental do espaço escuro, elas untam o raio de luz"	"no lado oriental do espaço escuro, inacessível ao voo"

As repetições parciais figuram seja entre os livros de família, seja entre os livros de família e a primeira maṇḍala, ou no interior dos hinos da primeira maṇḍala entre si.

2. TEMAS E FRASEOLOGIA

2.1. Aurora brilha (*uṣás*- *√vas/uṣ*): figura etimológica

1.48.1ab	*uṣo ví ucha*	"ó Aurora, brilha ao longe"
1.123.11c	*uṣaḥ ... ví ucha*	"ó Aurora ... brilha ao longe"
1.113.7d	*úṣaḥ ... ví ucha*	"ó Aurora ... brilha ao longe"
1.123.13c	*úṣaḥ ... ví ucha*	"ó Aurora ... brilha ao longe"
1.92.6b	*uṣā́ uchántī*	"Aurora, reluzindo"
1.124.1a	*uṣā́ uchántī*	"Aurora, reluzindo"
7.76.7b	*uṣā́ uchántī*	"Aurora, reluzindo"
7.75.5d	*uṣā́ uchati*	"Aurora brilha"

7.81.6d	*uṣā́ uchat*	"Aurora brilha"
= 1.48.8d	*uṣā́ uchat*	"Aurora brilha"
7.76.6cd	*ucha úṣaḥ*	"brilha, ó Aurora"
1.113.11b	*viuchántīm uṣásam*	"Aurora que brilha ao longe"
1.113.18ab	*uṣásaḥ ... viuchánti*	"Auroras ... que brilham ao longe"
1.124.9d	*uchantu ... uṣā́sah*	"que brilhem ... as Auroras"
4.51.3ab	*uchántīḥ ... uṣásaḥ*	"reluzindo ... as Auroras"
1.48.3a	*uvā́soṣā́ uchā́c ca nú*	"Aurora brilhou e brilhará agora"

2.2. Fazer/criar a luz (*jyótiṣ- √kr̥*), expulsar as trevas/a hostilidade (*támas-/dvíṣ- √bādh*)

7.81.1d	*jyótiṣ kr̥ṇoti*	"cria luz"
= 1.48.8b	*jyótiṣ kr̥ṇoti*	"cria luz"
1.92.4c	*jyótiḥ ... kr̥ṇvatī́*	"fazendo ... luz"
1.92.17b	*jyótiḥ ... cakráthuḥ*	"fizestes luz" (= Aśvins)
7.77.1d	*ákar jyótir bā́dhamānā támāṃsi*	"criou a luz expulsando as trevas"
7.78.2cd	*jyótiṣā bā́dhamānā víśvā támāṃsi*	"expulsando com luz todas as trevas"
6.64.3d	*bā́dhate támaḥ*	"rechaça as trevas"
6.65.2d	*bādhante támaḥ*	"rechaçam a escuridão"
1.92.5b	*bā́dhate kr̥ṣṇám ábhvam*	"expulsa o vazio negro"
5.80.5c	*ápa dvéṣo bā́dhamānā támāṃsi*	"rechaçando o ódio e as trevas"[3]

3 Cf. 7.77.4c *yāváya dvéṣaḥ* "afasta o ódio" e 4.52.4a *yāvayáddvesaṃ tuvā* "tu que afastas a hostilidade", bem como a abertura de 1.48.8c *ápa dvéṣaḥ* "para longe o ódio" (cf. abaixo 2.2.1).

2.2.1. Semanticamente próxima a “expulsar as trevas/a hostilidade” é a construção “brilhar para longe os equívocos” (*srídh- ápa √vas/uṣ*), que, como apontado acima (item 1.1), ocorre em 7.81.6d = 1.48.8d[4] e conta com um equivalente semântico em 7.77.4a.

1.48.8cd	*ápa dvéṣaḥ ... uṣā́ uchad ápa srídhaḥ*	“Aurora brilha para longe o ódio ... para longe os equívocos”
7.81.6d	*uṣā́ uchad ápa srídhaḥ*	“Aurora brilha para longe os equívocos”
7.77.4a	*dūré amítram ucha*	“brilha para longe o inimigo”

2.3. Abrir/desvelar/revelar (*ví/ápa √var/vr̥/√r̥*)

4.52.6b	*ví āvar jyótiṣā támaḥ*	“desvelaste a escuridão com tua luz”
7.75.1c	*ápa ... táma āvaḥ*	“desvelou a escuridão”
1.92.4d	*gā́vo ná vrajáṃ ví uṣā́ āvar támaḥ*	“Aurora abriu as trevas como vacas o curral”
4.51.2cd	*ví ū vrajásya támaso duvā́rā ... avran*	“abriram as portas do cercado, das trevas”
1.113.4b	*ví dúro na āvaḥ*	“abriu-nos as portas”
1.48.15ab	*bhānúnā ví dvā́rāv r̥ṇávo diváḥ*	“ao abrires com a tua luz as portas do céu”
7.79.4d	*ví ... dúro ádrer aūrṇoḥ*	“abriste as portas de pedra”
1.113.14b	*ápa kr̥ṣṇā́ṃ nirṇíjaṃ devī́ āvaḥ*	“a deusa desvelou a veste negra”

4 O sintagma *ápa √vas/uṣ* ocorre também em 7.104.23b *ápochatu mithunā́ yā́ kimīdínā* “que (a Aurora) brilhe para longe o par que se alimenta de vermes” e 8.47.18cd *úṣo yásmād duṣvápniyād ábhaiṣmā́pa tád uchatu* “ó Aurora, o pesadelo que temíamos — que (a Aurora) o brilhe para longe”, em ambos os casos imperativos 3 sg.

1.92.11a	*viūrṇvatī́ divó ántān*	"desvelando os confins do céu"
7.79.1d	*ví sū́riyo ródasī cákṣasāvaḥ*	"o Sol desvelou as duas metades do mundo com seu olho"

2.3.1. Notar a homonímia, por razões de sândi, entre *ví āvaḥ* "desvelou/-aste" (< *ví āvar̲*, da raiz *var/vr̥-*) e *ví āvaḥ* "brilhou/-aste ao longe" (< *ví āvas̱*, da raiz *vas/uṣ-*) e que *ví āvaḥ* também pode significar "brilhou/-aste ao longe" (*ví √vas/uṣ*):

7.75.1a	*ví uṣā́ āvaḥ*	"Aurora brilhou ao longe"
7.79.1a	*ví uṣā́ āvaḥ pathíyā jánānām*	"Aurora brilhou ao longe pelos caminhos das gentes"
1.113.9b	*ví yád ā́vaḥ*	"que tenhas brilhado ao longe"

2.3.2. Outro sintagma comum é *āvíṣ kar/kr̥-* "revelar, pôr à vista":

7.80.1d	*āviṣkr̥ṇvatī́m bhúvanāni víśvā*	"revelando todas as criaturas"
7.76.1d	*āvír akar bhúvanaṃ víśvam*	"revelou todo o mundo"
1.123.6cd	*vásūni ... āvíṣ kr̥ṇvanti*	"os bens ... (as Auroras) os põem à vista"
7.75.1b	*āviṣkr̥ṇvānā́ mahimā́nam*	"revelando a sua grandeza"
5.80.4b	*āviṣkr̥ṇvānā́ tanúvam*	"ao revelar seu corpo"
1.123.11b	*āvís tanúvaṃ kr̥ṇuṣe*	"tu desvelas teu corpo"
1.123.10d	*āvír vákṣāṃsi kr̥ṇuṣe*	"tu pões à mostra os seios"
6.64.2c	*āvír vákṣaḥ kr̥ṇuṣe*	"pões à mostra o teu seio"
1.124.4b	*āvír akr̥ta priyā́ṇi*	"ela revelou suas partes íntimas"

2.4. Luz e trevas (*jyótiṣ- támas-*) adjacentes

4.52.6b	*ví āvar jyótiṣā támaḥ*	"desvelaste a escuridão com tua luz"
7.80.2b	*gūḍhvī́ támo jyótiṣā*	"tendo ocultado a escuridão com a luz"
4.51.1b	*jyótis támasaḥ*	"a luz vinda das trevas"
1.113.16b	*ápa prā́gāt táma ā́ jyótir eti*	"adiante foi a escuridão, para cá vem chegando a luz"

2.5. Fixar/erigir (√*śri*) a luz

1.92.5d	*bhānúm aśret*	"fixou seu raio de luz"
7.79.1c	*bhānúm aśret*	"fixou seu raio de luz"
1.124.1b	*urviyā́ jyótir aśret*	"fixou sua luz amplamente"
7.76.1ab	*jyótiḥ ... savitā́ devó aśret*	"a luz ... o deus Savitar a erigiu"
3.61.5c	*ūrdhvám ... diví pā́jo aśret*	"fixou ereto no céu o seu flanco"[5]

2.6. Despertar (√*budh*), dormir (√*sas*)

4.51.3c	*acitré antáḥ paṇáyaḥ sasantu*	"que os avaros durmam na ausência de iluminação"
1.124.10b	*ábudhyamānāḥ paṇáyaḥ sasantu*	"que os avaros durmam indespertos"
4.51.5c	*prabodháyantīr uṣasaḥ sasántam*	"despertando, ó Auroras, os que dormem"
1.124.4c	*sasató bodháyantī*	"despertando quem dorme"

5 Cf. 3.61.3b *ūrdhvā́ tiṣṭhasi amṛ́tasya ketúḥ* "tu te postas ereta como o sinal luminoso do imortal".

1.92.9c	*víśvaṃ jīváṃ caráse bodháyantī*	“despertando tudo o que vive para a atividade”[6]
1.113.8d	*mr̥táṃ káṃ caná bodháyantī*	“sem despertar morto algum”
5.80.2a	*eṣā́ jánaṃ darśatā́ bodháyantī*	“ela, digna de ser vista, que desperta as gentes”
7.79.1b	*páñca kṣitī́r mā́nuṣīr bodháyantī*	“despertando os cinco povoados dos filhos de Manu”
1.124.10a	*prá bodhaya ... pr̥ṇatáḥ*	“desperta ... os dadivosos”
1.113.14c	*prabodháyantī aruṇébhir áśvaiḥ*	“fazendo despertar com seus cavalos rubros”
4.51.10c	*siyonā́d ā́ vaḥ pratibúdhyamānāḥ*	“despertando de um local confortável em resposta a vós”[7]

2.7. Fazer (√*kr̥*) caminho

6.64.1c	*kr̥ṇóti víśvā supáthā sugā́ni*	“ela torna fáceis todos os caminhos, fáceis todas as trilhas”
5.80.2b	*sugā́n patháḥ kr̥ṇvatī́*	“torna os caminhos fáceis de trilhar”
4.51.1d	*gātúṃ kr̥ṇavann uṣáso jánāya*	“as Auroras farão um caminho para as gentes”[8]

6 Cf. 1.113.4/5/6d *uṣā́ ajīgar bhúvanāni víśvā* “Aurora despertou todas as criaturas”.

7 Cf. *abodhi* “(Aurora) despertou” (quatro vezes): 1.92.11a, 1.123.2a, 3.61.6a, 7.80.2b.

8 Cf. 7.77.4b *urvī́ṃ gávyūtim ... kr̥dhi* “cria (√*kr̥*) para nós pasto amplo!” e 7.75.1d *pathíyā ajīgaḥ* “ela despertou os caminhos”.

2.8. Estimular benesses (*rā́dhas- √cud*), suscitar prodigalidades (*sūnṛ́ta- √īr*)

1.48.2d	*códa rā́dhaḥ*	"estimula a benesse"
7.77.4d	*codáya rā́dhaḥ*	"estimula a benesse"
7.79.5ab	*rā́dhase codáyantī ... sūnṛ́tā īráyantī*	"estimulando à benesse ... suscitando prodigalidades"
1.113.12b	*sūnṛ́tā īráyantī*	"suscitando prodigalidades"
3.61.2b	*sūnṛ́tā īráyantī*	"suscitando prodigalidades"
1.48.2c	*úd īraya práti mā sūnṛ́tāḥ*	"suscita prodigalidades em minha direção"
1.123.6a	*úd īratāṃ sūnṛ́tāḥ*	"que prodigalidades surjam à tona"

2.9. Preceitos divinos

1.92.12c = 1.124.2a	*áminatī daíviyāni vratā́ni*	"sem diminuir os preceitos divinos"
7.75.3c	*janáyanto daíviyāni vratā́ni*	"gerando os preceitos divinos"
7.76.5c	*devā́nāṃ ná minanti vratā́ni*	"não infringem os preceitos divinos"

2.10. Confins do céu

7.79.2a	*divó ánteṣu*	"nos confins do céu"
1.92.11a	*divó ántān*	"os confins do céu"
1.49.3d	*divó ántebhiyas pári*	"vindos dos confins do céu"
3.61.4d	*ā́ntād diváḥ ... ā́ pṛthivyā́ḥ*	"aos confins do céu e aos da terra."[9]

9 Cf. 1.113.14a *divá ā́tāsu* "nos umbrais do céu".

2.11. Dêiticos em início de hino

1.92.1a	***etā́*** *u* ***tyā́ḥ...***	"eis que estas"
1.113.1a	***idám...***	"esta"
4.51.1a	***idám*** *u* ***tyát...***	"eis que esta"
4.52.1a	*práti ṣyā́...*	"esta"
6.65.1a	***eṣā́ siyā́...***	"eis que ela"

2.12. *práti* "à frente de, em resposta a", *pratīcī́* "voltada para"

1.113.7a = 1.124.3a	***práty*** *adarśi*	"surgiu à frente"
1.92.5a	***práti*** *... adarśi*	"foi vista adiante"
4.52.1ac	***práti*** *... adarśi*	"surgiu à frente"
7.81.1a	***práty*** *u adarśi*	"surgiu à frente"
1.48.13b	***práti*** *... ádr̥kṣata*	"deram-se a ver à frente"
4.52.5a	***práti*** *... adr̥kṣata*	"surgiram à frente"
7.78.1a	***práti*** *... adr̥śran*	"deram-se a ver à frente"
5.80.1d	***práti*** *... matíbhir jarante*	"em resposta a ela ... despertam com poemas"
7.78.2b	***práti*** *... matíbhir gr̥ṇántaḥ*	"à frente dela ... cantando com poemas"
7.78.2a	***práti*** *ṣīm agnír jarate*	"à frente dela, o fogo desperta"
7.78.5a	***práti*** *tvādyá ... budhanta*	"à frente de ti ... despertaram hoje"
7.80.1ab	***práti*** *stómebhir ... abudhran*	"à frente ... despertaram com seus louvores"
7.81.3ab	***práti*** *tvā ... abhutsmahi*	"à frente de ti ... despertamos"

4.51.10c	... *vaḥ **prati**búdhyamānāḥ*	"despertando ... em resposta a vós"
1.113.11c	*asmā́bhir ... **prati**cákṣiyābhūt*	"por nós ... ela passou a ser contemplada"
1.124.8b	***prati**cákṣiyeva*	"como quem deve ser contemplada"
1.92.9b	***pratīcī́** cákṣuḥ*	"o olho voltado para elas"
1.124.7a	*puṃsá eti **pratīcī́***	"segue rumo aos homens"
5.80.6a	***pratīcī́** ... nṝ́n*	"voltada para os homens"
3.61.3a	***pratīcī́** bhúvanāni víśvā*	"frente a todas as criaturas"
7.77.2a	*víśvam **pratīcī́***	"frente a tudo"
7.76.2d	***pratīcī́** ā́gāt*	"voltada para cá, ela veio"

3. EPÍTETOS DA AURORA

abhiṣṭídyumna-	"de fulgor proeminente"
áditer ánīka-	"rosto de Aditi"
ajára-	"que não envelhece"
ajuryá-	"que não envelhece"
amṛ́ta-	"imortal"
ámītavarṇa-	"de cores imutáveis"
anavadyá-	"impecável"
ántivāma-	"dotada de bens valiosos à mão"
áṅgirastama-	"a mais Aṅgiras"
árjuna-	"prateada"
aryá-	"dama"
aruṇápsu-	"de sopro rubro"

áruṣī-	"rubra"
áśvasūnṛta-	"pródiga em cavalos"
áśvāvant-	"rica em cavalos"
ávāta-	"invencível"
ṛtájātasatya-	"cuja existência nasce da verdade"
ṛtapā́-	"guardiã da verdade"
ṛtā́van-	"dotada de verdade, veraz"
ṛtejā́-	"nascida da verdade"
bṛhánt-	"excelsa"
bhadrá-	"auspiciosa"
bhágasya svásar-	"irmã de Bhaga"
bhā́svant-	"luminosa"
bhúvanasya pátnī-	"senhora do mundo"
candráratha-	"de carruagem cintilante"
citrá-	"brilhante"
citrā́magha-	"rica em dádivas radiantes"
codayitrī́- maghónaḥ	"instigadora do(s) generoso(s)"
darśatá-	"digna de ser vista"
dā́svant-	"rica em dádiva"
devī́-	"deusa"
divijā́-	"nascida no céu"
divítmant-	"dotada de esplendor"
duhitár- diváḥ	"filha do Céu"
dyotaná-	"reluzente"
dyutádyāman-	"cujo curso rebrilha"

gávāṃ jánitrī-	"genitora de vacas"
gávām mātár-	"mãe das vacas"
gávāṃ netrī́-	"guia das vacas"
gómant-	"rica em vacas"
híraṇyavarṇa-	"de cor dourada"
índratama-	"a mais Indra"
madhudhā́-	"doadora de mel"
maghávan-	"generosa"
mah-	"grande"
mātár- devā́nām	"mãe dos deuses"
nayitrī́- sūnṛ́tānām	"condutora de prodigalidades"
návyas-	"mais nova"
netrī́- áhnām	"condutora dos dias"
netrī́- rā́dhasaḥ sūnṛ́tānām	"guia das benesses, das prodigalidades"
ódatī-	"orvalhada"
pavāká-	"pura"
prácetas-	"que discerne"
praśastikṛ́t-	"criadora de louvores"
punarbhū́-	"que torna à existência"
purāṇá-	"ancestral"
raṇvásaṃdṛś-	"de aparência adorável"
ratnabhā́j-	"que tem parte na riqueza"
revánt-	"rica"
rúśadvatsa-	"cujo novilho é rutilante"
rúśant-	"rutilante"

sadṛ́ś-	"de mesma aparência"
sákhā- aśvínoḥ	"companheira dos Aśvins"
sánutar-	"conquistadora"
sárvavīra-	"dotada de heróis sãos"
stómiya-	"digna de louvor"
subhága-	"bem-aquinhoada"
sudáṃsas-	"de poder mágico"
sudína-	"de tempo aberto"
sudṛ́śīkasaṃdṛś-	"figura bela de se ver"
suháva-	"fácil de invocar"
sujātá-	"bem-nascida"
sumaṅgalī́-	"de bons presságios"
sumnāván-	"benigna"
suprátīka-	"de belas faces"
sū́riyasya yóṣā-	"donzela do Sol"
susaṃkāśá-	"de bela aparência"
súvar jánant-	"gerando o Sol"
sūnára-	"impetuosa"
sūnṛ́ta-	"pródiga"
sūnṛ́tāvant-/van-	"pródiga"
śukrá-	"fulgurante"
śukrávāsas-	"de vestes fulgurantes"[10]
śréṣṭhatama-	"a mais esplêndida"
śubhrá-	"bela, resplandecente"

10 Cf. 7.77.2b *vā́so* *bíbhratī* *śukrám* "trajando uma veste fulgurante".

śúci- “reluzente”

śvetiyá- “branca”

śvityáñc- “nívea”

vánanvant- “vencedora” (?)

váruṇasya jāmí- “parente de Varuṇa”

vā́japatnī- “senhora dos prêmios”

vājínīvant- “rica em prêmios de vitória”

vibhā́van- “resplandecente”

vibhātī́- “que brilha ao longe”

víhāyas- “de poder difuso”

viśvaminvá- “que põe tudo em movimento”

viśvasuvíd- “descobridora de todos os bens”

viśvávāra- “que dispõe de todos os bens”

vīrávant- “rica em heróis”

yajñásya ketúh- “sinal luminoso do sacrifício”

yāvayáddveṣas- “que afasta a hostilidade”

yóṣā- “donzela, moça, jovem”

yuvatí- “jovem”

Destaque para os quatro compostos em *r̥tá-* “verdade”. Além deles, o elo entre a Aurora e a verdade figura em outros *pādas*, ora iniciados pelo genitivo *r̥tásya* “da verdade”, ora rematados pelo instrumental *r̥téna* “através da/com a verdade”: 1.124.3c = 5.80.4c *#r̥tásya pánthām ánu eti sādhú* “segue o caminho da verdade, em linha reta”; 1.123.13a *#r̥tásya raśmím anuyáchamānā* “guiando-se pela rédea da verdade”; 3.61.7a *#r̥tásya budhné* “no fundamento da verdade”; 4.51.8c *#r̥tásya ... sádaso budhānā́ḥ* “despertando da sede da verdade”; 5.80.1a *dyutádyāmānam ... r̥téna#* “aquela cujo curso ... rebrilha através da verdade”; 7.75.1a *ví*

... āvah ... ṛténa# “brilhou ao longe com a verdade”. Note-se ainda 4.51.5a *ṛtayúgbhir áśvaiḥ* “com cavalos atrelados pela verdade”.

Repare-se também no laço estreito entre a Aurora e as vacas, tal como refletido em diversos epítetos: *gávāṃ jánitrī-* “genitora de vacas”, *gávām mātár-* “mãe das vacas”, *gávāṃ netrī́-* “guia das vacas”, *gómant-* “rica em vacas”. Frequentes são também os epítetos de filiação: *duhitár-diváḥ* “filha do Céu” (~ *divijā́-* “nascida no céu”), *bhágasya svásar-* “irmã de Bhaga”, *sákhā- aśvínoḥ* “companheira dos Aśvins”, *váruṇasya jāmí-* “parente de Varuṇa”.

Grande parte dos epítetos (cerca de 40%) está relacionada à luz e à riqueza.

Referências bibliográficas

APRIGLIANO, A. *Upaniṣadas: Os Doze Textos Fundamentais*. São Paulo: Mantra, 2020.

BIAGETTI, E. *Ṛgvedic similes: a corpus-based analysis of their forms and functions*. Tese (Doutorado em Ciências Linguísticas) — Dipartimento di studi umanistici dell'Università degli Studi di Pavia, 2022.

BLOOMFIELD, M. "Some Cruces in Vedic Text, Grammar and Interpretation". *The American Journal of Philology* 38, 1917: 1–18.

BOEDEKER, D. D. *Aphrodite's Entry into Greek Epic*. Leiden: Brill, 1974.

CAMPANILE, E. "Histoire et préhistoire d'une formule poétique indo-européenne". *Études Indo-Européennes* 6, 1987: 21–24 (= *Saggi di linguistica comparativa e ricostruzione culturale*. Pisa/Roma: Istituti Editoriali e Poligrafici Internazionali, 1999: 175–178).

FORSMANN, B. "Jungavestisch *vīuuāiti* Yt 8,40". In: FORSSMAN, B.; PLATH, R. (eds.) *Indoarisch, Iranisch und die Indogermanistik: Arbeitstagung der Indogermanischen Gesellschaft vom 2. bis 5. Oktober 1997 in Erlangen*. Wiesbaden: Reichert, 2000: 103–109.

GARCÍA-RAMÓN, J. L. "Homme comme force, force d'homme: un motif onomastique et l'étymologie du vieil irlandais *gus*". In: PINAULT, G.-J.; PETIT, D. (eds.) *La langue poétique indo-européenne. Actes du Colloque de travail de la Société des Études Indo-Européennes*. Leuven/Paris: Peeters, 2006: 79–93.

GELDNER, K. F. *Der Rig-Veda (aus d. Sanskrit ins Dt. übers. u. mit e. laufenden Kommentar versehen)*. Cambridge, Mass.: Harvard University Press, 1951.

GOTŌ, T. *Die "I. Präsensklasse" im Vedischen. Untersuchung der vollstufigen thematischen Wurzelpräsentia*. Viena: ÖAW, 1987.

GRASSMANN, H. *Wörterbuch zum Rig-Veda.* Wiesbaden: Harrassowitz, 1873.

HOFFMANN, K. *Der Injunktiv im Veda.* Heidelberg: Winter, 1967.

JAMISON, blog = *Rigveda Translation: Commentary,* disponível em http://rigvedacommentary.alc.ucla.edu [último acesso: 23/08/2023].

JAMISON, S. "Vedic 'sá figé': An inherited sentence connective?". *Historische Sprachforschung / Historical Linguistics* 105, 1992: 213–239.

JAMISON, S. "Syntactic constraints on morphological change: the Vedic imperatives *bodhi, dehi* and *dhehi*". In: PIRART, É. (ed.) *Syntaxe des langues indo-iraniennes anciennes: colloque international, Sitges (Barcelona), 4–5 mai 1993, organisé par l'Institut du Proche-Orient Ancien (Université de Barcelone).* Barcelona: AUSA, 1997: 63–80.

JAMISON, S. "Penelope and the Pigs: Indic Perspectives on the Odyssey". *Classical Antiquity* 18, 1999: 227–72.

JAMISON, S. "The Rigvedic Svayaṃvara? Formulaic Evidence". In: KARTTUNEN, K.; KOSKIKALLIO, P. (eds.) *Vidyārṇavavandanam: Essays in Honour of Asko Parpola.* Studia Orientalia, vol. 94. Helsinki: Finnish Oriental Society, 2001: 303–315.

JAMISON, S. "Vedic *vrā́*: Evidence for the Svayaṃvara in the Rig Veda?" In: ADHAMI, S. (ed.) *Paitimāna: Essays in Iranian, Indo-European, and Indian Studies in Honor of Hanns-Peter Schmidt.* Costa Mesa, California: Mazda Publishers, 2003: 39–56.

JAMISON, S. "Poetic 'Repair' in the Rig Veda". In: PINAULT, G.-J.; PETIT, D. (eds.) *La langue poétique indo-européenne. Actes du Coloque de travail de la Société des Études Indo-Européennes.* Leuven / Paris: Peeters, 2006: 133–140.

JAMISON, S. *The Rig Veda Between Two Worlds. Le R̥gveda entre deux mondes. Quatre conférences au Collège de France en mai 2004.* Paris: De Boccard, 2007.

JAMISON, S. & J. P. BRERETON. *The Rigveda: The Earliest Religious Poetry of India.* New York: OUP, 2014.

Jamison, S. & M. Witzel. *Vedic Hinduism*, 1992. Disponível em https://www.ms.uky.edu/~sohum/sanskrit/vedica.pdf [último acesso: 23/08/2023].

Klein, J. *Toward a Discourse Grammar of the Rigveda*. Vol. 1: Parts 1 and 2. Heidelberg: Winter, 1985.

Kümmel, M. *Das Perfekt im Indoiranischen: eine Untersuchung der Form und Funktion einer ererbten Kategorie des Verbums und ihrer Weiterentwicklung in den altindoiranischen Sprachen*. Wiesbaden: Reichert, 2000.

Macedo, J. M. *A palavra ofertada. Um estudo retórico dos hinos gregos e indianos*. Campinas: Editora Unicamp, 2010.

Macedo, J. M. "A mãe do Sol: nota a Estesícoro fr. 8A Finglass (*PMGF* S17 = 185)". *Phaos* 20, 2020: 1–6.

Massetti, L. "Gr. Ὀρφεύς ved. R̥bhú- und heth. ḫarp(p)-[mi]". In: Kölligan, D.; Hajnal, I.; Zipser, K. (eds.) *Miscellanea Indogermanica. Festschrift für José Luis García Ramón zum 65. Geburtstag*. Innsbruck: Innsbrucker Beiträge zur Sprachwissenschaft, 2017: 457–70.

Mayrhofer, M. *Etymologisches Wörterbuch des Altindoarischen* (vol. 1). Heidelberg: Winter, 1992.

Oldenberg, H. *Die Hymnen des Ṛigveda. Metrische und textgeschichtliche Prolegomena*. Berlin: Wilhelm Hertz, 1888.

Oldenberg, H. *Ṛgveda: textkritische und exegetische Noten* (1): *Erstes bis sechstes Buch*. Berlin: Weidmann, 1909.

Olivelle, P. *The Early Upaniṣads. Annotated Text and Translation*. New York / Oxford: OUP, 1998.

Renou *ÉVP* = Renou, L. *Études védiques et pāṇinéennes* (17 vols.). Paris: de Boccard, 1955–69.

Scarlata, S. *Die Wurzelkomposita im R̥g-Veda*. Wiesbaden: Reichert, 1999.

Schmidt, H.-P. *Some Women's Rites and Rights in the Veda*. Poona: Bhandarkar Oriental Research Institute, 1987.

SCHMITT, R. *Dichtung und Dichtersprache in indogermanischer Zeit*. Wiesbaden: Harrassowitz, 1967.

THIEME, P. "Drei rigvedische Tierbezeichnungen (*nodhā́s, śundhyū́-, admasád-*)". *Zeitschrift für vergleichende Sprachforschung auf dem Gebiete der Indogermanischen Sprachen* 79, 1965: 211–23.

VAN NOOTEN, B. & G. HOLLAND. *Rigveda. A metrically restored text with an introduction and notes*. Cambridge, Mass. / London: HUP, 1994.

WEST, M. *Poesia e mito indo-europeus*. Araçoiaba da Serra: Mnēma, 2022. (= *Indo-European Poetry and Myth*. Oxford: OUP, 2007).

WITZEL, M. *Das alte Indien*. Munique: C. H. Beck, 2003.

WITZEL, M. & T. GOTŌ. *Rig-Veda – Das heilige Wissen: Erster und zweiter Liederkreis*. Frankfurt am Main / Leipzig: Insel, 2007.

WITZEL, M., T. GOTŌ & S. SCARLATA. *Rig-Veda – Das heilige Wissen: Dritter bis fünfter Liederkreis*. Frankfurt am Main / Leipzig: Insel, 2013.

Traduções do Rig Veda (seleção)

Apresenta-se aqui uma breve seleção de traduções completas ou parciais do RV que, aos olhos dos autores, podem se prestar como material de consulta ao leitor brasileiro. A lista não se pretende exaustiva.

DONIGER O'FLAHERTY, W. *The Rig Veda*. London: Penguin Books, 1981.

ELIZARENKOVA, T. Y. *Ригведа* (= *Rigveda*) (3 vols.). Moskva: Nauka, 1989–1995.

FONSECA, C. A. *Vacas vermelhas da aurora: poemas védicos*. Araraquara: FCL/UNESP, 1998.

GELDNER, K. F., 1951: ver Referências bibliográficas (acima).

GOTŌ, T. & E. DŌYAMA. *Rig-Veda - Das heilige Wissen: Sechster bis siebter Liederkreis*. Frankfurt am Main / Leipzig: Insel, 2022.

GRASSMANN, H. *Rig-veda übersetzt und mit kritischen und erläuternden Anmerkungen versehen* (2 vols.). Leipzig: F. A. Brockhaus, 1876–1877.

GRIFFITH, R. T. H. *The Hymns of the Rigveda*. Benares: E. J. Lazarius and Co., 1890.

JAMISON, S. & J. P. BRERETON, 2014: ver Referências bibliográficas (acima).

MACDONELL, A. A. *Hymns from the Rigveda. Selected and Metrically Translated*. London: OUP, 1922.

MACDONELL, A. A. "The Uṣas Hymns of the R̥gveda". *The Journal of the Royal Asiatic Society of Great Britain and Ireland* 2, 1932: 345–371.

RENOU, L., 1955–69: ver Referências bibliográficas (acima).

THIEME, P. *Gedichte aus dem Rig-Veda. Aus dem Sanskrit übertragen und erläutert*. Stuttgart : Philipp Reclam, 1964.

TOLA, F. *Himnos del Rig Veda. Traducción directa del sánscrito*. Buenos Aires: Sudamericana, 1968. (Reedição: Buenos Aires: Editoral Las Cuarenta, 2014)

WITZEL, M. & T. GOTŌ, 2007: ver Referências bibliográficas (acima).

WITZEL, M., T. GOTŌ & S. SCARLATA, 2013: ver Referências bibliográficas (acima).

Sobre os tradutores

Caio Geraldes é mestre em Letras Clássicas pela Universidade de São Paulo.

José Marcos Macedo é professor de Língua e Literatura Grega na Universidade de São Paulo.

Thiago Mendes Venturott é mestre em Linguística Histórica pela Universität zu Köln.

Este obra foi composta em tipologia Gentium Plus e Adishila Letterpress, corpo 11/14, no formato 13,8 x 21 cm, com 240 páginas, e impressa em papel Pólen Natural 80 g/m^2 (miolo) pela Lis Gráfica.
São Paulo, novembro de 2023.